Kate Beeching · Isabelle Le Guilloux

Centre for Modern
Languages
Plymouth Campus

Oxford University Press 1990

Oxford University Press, Walton Street, Oxford OX2 6DP
Oxford New York Toronto
Delhi Bombay Calcutta Madras Karachi
Petaling Jaya Singapore Hong Kong Tokyo
Nairobi Dar es Salaam Cape Town
Melbourne Auckland

and associated companies in
Berlin Ibadan

Oxford is a trade mark of Oxford University Press

ISBN 0   19   912103   6

Acknowledgements

The publishers would like to thank the following for permission to reproduce copyright material:

Sud-ouest (p.8); *l'Evénement du jeudi* (pp.18, 22, 32, 33, 40, 41, 60, 91); *Le Figaro* (pp.26, 48); *Le Point* (pp.31, 40, 41, 58, 87, 89); Union Fédérale des consommateurs (pp. 40, 41); *L'Express* (pp. 40, 41, 88, 92); *Femme actuelle* (pp.42, 54, 61, 66); *France-Soir* (p.42); Association des professeurs de langue bretonne (p. 43); DASTUM (16 rue de Penhoët, B.P 2518, 35025 RENNES Cédex, France) (p.43); Fédération nationale des associations d'autostop (p.45); Cannes information jeunesse (p.45); Delta Language Service (p.46); MBK (p.46); *Le français dans le monde* (p.60); *La vie* Hebdomadaire chrétien d'actualité 2224, 14 avril 1988 (Malesherbes Publications) (p.65); *Maxi* (pp.81, 86, 89); *Francoscopie* (Larousse) (p.83).

Additional photographs are provided by: Kate Beeching (p.16); Chambre de Commerce et d'Industrie de Boulogne-sur-mer et de Montreuil (p.49).

Cartoon illustrations are by Nigel Paige.

Although every effort has been made to contact copyright holders, a few have been impossible to trace. The publishers apologize to anyone whose copyright has been unwittingly infringed.

Remerciements

Nous tenons à remercier tous ceux qui ont bien voulu nous aider à préparer ce cours. En ce qui concerne les textes sonores enregistrés en France, nous remercions surtout: Denise et André Le Guilloux, Pascal Legavre et Aniouchka Roginski, Anne Tanguy, Martine Bourgy, Jean Bourgy, Jacqueline Paviotte, Cathy Lecroc, Catherine Guillaume, Mme Bellorge, Claire Georgin, Mireille Jourdain et tous les autres que nous avons interviewés en préparant le cours. Quant aux extraits écrits, nous reconnaissons notre dette envers Gérard Mermet et Geneviève Welcomme et Claire Willerval pour le recueil de statistiques et l'analyse qu'ils en ont fait dans leurs livres *Francoscopie* et *Juniorscopie* (Larousse).

Typeset by Times Graphics, Singapore.
Printed by Thomson Litho, Scotland.

Table des matières _____

Introduction _____

Ça se dit et ça s'écrit s'adresse à un public d'étudiants de niveau avancé. Son objectif principal est d'apprendre à l'étudiant à mieux s'exprimer en développant ses compétences orale et écrite.

Parler et écrire sont pour nous indissociables. Parler c'est ... savoir écouter et décoder le message auquel on va répondre. Ecrire c'est ... savoir lire et reconnaître les stratégies d'écriture utilisées.

En proposant une série de documents sonores enregistrés 'sur le vif' en France – dialogues, discussions, interviews – et une sélection d'articles, d'enquêtes, et de sondages de la presse écrite, nous espérons fournir aux étudiants un véritable kaléidoscope de techniques d'expression qui sont des 'outils' essentiels pour communiquer et s'approprier ce 'On n'écrit pas comme on parle'.

Sensibilisation – niveaux de langue

Nous avons voulu dans cette première partie sensibiliser l'apprenant aux différents registres et niveaux de langue pour l'aider à resituer 'ce qui est dit' dans son contexte autant social que professionnel et lui permettre de distinguer les différentes manières de s'exprimer à l'oral et à l'écrit: le français comme langue de la communication, des échanges, du travail!

De la phrase au paragraphe

Une analyse de la structure de la phrase et du paragraphe permet aux étudiants de s'exprimer à un niveau plus profond soit à l'oral, soit à l'écrit. A cette fin, nous nous intéressons dans cette deuxième partie aux moyens de définir, de donner son avis, de nuancer et de contraster (à l'oral) et à la construction de phrases subordonnées et à l'articulation du paragraphe (à l'écrit).

Du paragraphe au texte

Dans cette partie du manuel, nous avons systématiquement juxtaposé la langue parlée et la langue écrite et nous exposons les moyens linguistiques nécessaires pour créer des textes entiers. Ayant donné aux étudiants 'un premier coup d'essai' pour qu'ils comprennent les objectifs visés, nous étudions tour à tour dans les unités qui suivent les stratégies nécessaires pour introduire un sujet, donner des exemples, conclure, et cetera.

Nous proposons:

à l'oral, des exercices de compréhension et d'analyse qui permettront à l'étudiant de structurer et soutenir son discours en fonction de ses idées et de ses intentions

à l'écrit, des exercices d'analyse de différentes techniques d'expression et des exercices d'entraînement à l'écriture qui permettront à l'apprenant:

1 de pouvoir reconnaître les différents procédés d'écriture
2 de trouver les mots et expressions justes pour organiser son argumentation et atteindre l'objectif qu'il vise (par exemple, exprimer un point de vue ou une idée, justifier une prise de position ou faire changer quelqu'un d'avis!)
3 de structurer sa pensée afin que ses productions écrites ne soient plus des paragraphes isolés mais prennent la consistance d'un texte cohérent.

Nous avons voulu tout au long de ce livre susciter une participation active de l'apprenant et lui donner les moyens linguistiques d'être plus créatif.

Pratiques

Vous trouverez ici une **unité révision** contenant des tables statistiques ou d'autres informations qui donneront à l'apprenant la possibilité de mettre en valeur les techniques apprises au long du cours, soit à l'oral, soit à l'écrit.

Récapitulation

Nous proposons ici une liste détaillée des termes présentés dans ce livre pour s'exprimer à l'oral et à l'écrit.

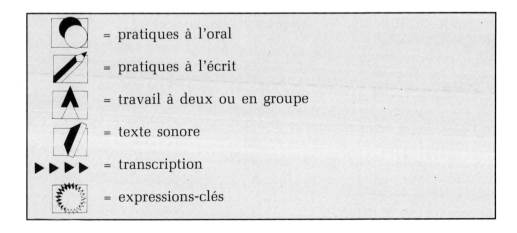

= pratiques à l'oral

= pratiques à l'écrit

= travail à deux ou en groupe

= texte sonore

= transcription

= expressions-clés

Première partie

Sensibilisation — niveaux de langue

Il n'y a pas un français mais des français.

Les niveaux de langue

1

l'écrit et l'oral
le français familier et le français courant

Les congés d'été

Un Français sur deux part en congés d'été pour une durée moyenne de vingt-cinq jours. Mais pour profiter de ses vacances, il faut faire attention à éviter les coups de soleil, à ne pas trop 's'éclater' dans les boîtes de nuit...et, les vacances terminées, à échapper à tout prix aux bouchons de la rentrée!

Des centaines de milliers d'heures perdues dans les bouchons, l'odeur âcre des pots d'échappement, l'énervement, la fatigue : ils seront plus de 6,5 millions, c'est-à-dire la plupart des vacanciers du mois d'août, à regagner, jusqu'au 31, leur port d'attache.

Au-delà des conseils judicieux de Bison futé qui recommande de ne rentrer, dans la mesure du possible, que dimanche 30 août, alors que la plupart des poids lourds seront interdits de circulation, il conviendra de redoubler de prudence.

Selon les chiffres de la délégation interministérielle à la sécurité routière, 947 personnes ont été tuées sur les routes de France en juillet, soit 10 % en moins par rapport à l'année passée.

Routes : les chemins de la rentrée

6,5 millions de vacanciers sur les routes pour les grands retours du mois d'août. Les premiers bouchons ont eu lieu dès hier

Route déjà chargée, hier après-midi, sur la rocade de Bordeaux à hauteur de Mérignac (Photo Jean-Louis Duzert, « Sud-Ouest »)

Voici un article tiré du journal local *Sud-Ouest*, où un journaliste expose les chiffres officiels et les statistiques sur le taux de fréquentation des routes au moment des

'grands retours' du mois d'août. Vous pouvez lire aussi dans les bulles ce que nous avons imaginé: les gens, qui se trouvent 'coincés' dans leurs véhicules, incapables de regagner leur 'port d'attache', grognent!

A L'écrit et l'oral

En comparant le langage de l'article journalistique et celui des frustrés coincés dans leurs véhicules, vous remarquerez très vite les différences entre **l'écrit** et **l'oral**.

A l'écrit on utilise:

1 des phrases plus longues
2 des phrases subordonnées introduites par **qui, alors que,** etc.
3 des phrases adverbiales introduites par **au-delà de, selon**, etc.
4 des phrases explicatives introduites par **c'est-à-dire, soit,** etc.

A l'oral on utilise:

1 **est-ce que ...?** 'Mais qu'est-ce qu'ils fabriquent?' La langue écrite préfère l'inversion du verbe et du sujet: par exemple, 'Que font-ils?'
2 un lexique plus familier: souvent on dit **fabriquer** au lieu de 'faire'
3 les exclamations comme **Oh là là! Dis donc! Mince! Vraiment!**
4 les tournures propres à la langue parlée: **ça fait** des heures qu'on est là. (La langue écrite utilise plutôt **depuis**: 'On attendait depuis des heures.')
5 la suppression du **ne** 'Si j'avais su, je serais pas parti.'

La plupart des Français suppriment le **ne** quand ils parlent. Vous entendrez souvent **shépa** (j'sais pas = je ne sais pas), **shveupa** (je ne veux pas), **tappa** (tu n'as pas), **yakka** (il n'y a qu'à) and **takka** (tu n'as qu'à)!

Dans quel contexte entendrez-vous:

a Zavépa **b** Tuveupa **c** Jensérien

N'oubliez pas: il faut absolument inclure le **ne** dans la langue écrite.

9

Le niveau qu'il faut

Recopiez la grille suivante en remplissant les blancs:

Langue courante (parlée)	Langue soutenue (écrite)
Qu'est-ce que vous allez faire?	....
....	Que dira-t-il?
....	Où allez-vous?
Il y a un tas de vacanciers sur la plage: vous voyez presque pas l'eau.	....
....	Je n'en sais rien.
T'as pas une pièce de 10F? Ça fait dix ans que je travaille ici.	....
....	J'apprends le français depuis cinq ans.

 B Le français familier et le français courant

Dans la langue parlée, il faut distinguer entre le français **familier** (argotique) et le français **courant**.

Les phrases ci-dessous (**1** à **12**) contiennent des mots et des expressions familières (marqués en gras) qui caractérisent le langage utilisé par les jeunes entre eux. Attention – vous devrez comprendre ces mots-là mais ils ne sont pas forcément convenables dans toutes les situations. Pour chaque mot, retrouvez dans la liste en-dessous le terme plus neutre qui conviendrait mieux au langage plus formel ou écrit.

Le français familier

1 Métro, **boulot**, dodo, c'est ça la vie en ville!
2 Je vais me changer de **fringues** avant de sortir.
3 Tu vas porter ces **godasses**-là? Tu penses pas que des baskets conviendraient mieux?
4 Oh! Ça suffit! **J'en ai marre** de cette musique-là!
5 Ecoute, je n'ai plus de **fric**. Tu me prêtes 50F?
6 Non, mais c'est vrai qu'une **bagnole** ne sert à rien à Paris – on ne peut pas se garer et puis il y a souvent des embouteillages.

7 Le bac est très, très dur. Pour réussir, il faut vraiment **bosser**.

8 – Qu'est-ce que c'est que ce **bouquin**?
  – C'est un nouveau roman de Michel Tournier.

9 J'ai faim. On va **bouffer** au **resto**?

10 Mais tu es complètement **cinglé/dingue**? On n'a plus de fric!

11 Tu vois le **mec/type** qui danse avec Florence? C'est mon cousin.

12 Florence, c'est une **nana** que j'aime bien.

Le français courant

travailler	la voiture
le restaurant	un livre
fou	l'argent
un (jeune) homme	les chaussures
le travail	les vêtements
une jeune fille	j'en ai assez
manger	

Hold-up au supermarché Géant!

Vous êtes journaliste. On vous a envoyé la transcription (à gauche) du témoignage de Mlle Hypergéniale, vendeuse au supermarché Géant qui a été cambriolé hier soir. Lisez le texte et, en suivant le modèle proposé, rédigez l'article qui paraîtra dans le journal régional ou télévisé.

C'était l'heure de fermeture du super - j'étais devant le magasin à attendre mon copain qui devait venir me chercher en bagnole. J'étais crevée, j'avais beaucoup bossé, ça faisait des heures que j'avais pas bouffé. Alors quand j'ai vu un mec arriver à moto qui portait des fringues noires, des bottes noires et un revolver, je me suis dit: Je suis dingue ou quoi? Je dois rêver. Il était accompagné d'une nana qui, elle aussi, portait des fringues bizarres, avec des godasses de toutes les couleurs. Ils sont entrés dans le magasin tous les deux en criant «Haut les mains» et ils ont dit au directeur adjoint de leur donner tout le fric de la caisse. Heureusement, il y avait deux flics qui passaient au moment même où ils sont entrés dans le supermarché. Ils les ont arrêtés.

HOLD-UP AU SUPERMARCHE GEANT!

Une tentative de hold-up a été enrayée ce matin au supermarché Géant. Un jeune homme habillé de .... et qui portait .... est entré dans le supermarché accompagné d' .... En braquant le revolver sur le directeur adjoint, ils lui ont demandé de .... En sortant cependant les deux malfaiteurs ont été arrêtés par ....

Selon la situation...

Choisissez la phrase **a**, **b** ou **c** qu'il faudrait utiliser dans les situations suivantes:

1 à vos amis

2 à vos professeurs

3 à quelqu'un que vous ne connaissez pas beaucoup ou à l'écrit.

i **a** Je suis désolé de ne pas pouvoir venir ce soir parce que je ne me sens pas bien.

   b Je viens pas ce soir – je suis crevé.

   c Je ne viens pas parce que je suis fatigué.

ii **a** Je vous appelle demain.

   b Je te passe un coup de fil demain.

   c Je vous téléphonerai demain.

iii **a** Je vous invite à dîner.

   b On peut manger ensemble.

   c Et si on bouffait ensemble?

iv **a** C'est la moindre des choses.

   b Pas de problème.

   c Je vous en prie.

v **a** Est-ce qu'il y a quelque chose que je puisse faire pour vous?

   b Avez-vous besoin d'un peu d'aide?

   c Je peux t'aider si tu veux.

1.1

Ecoutez-moi ça!

C'est le pays de rêves

Les jeunes quand ils se parlent utilisent beaucoup d'expressions familières comme vous l'avez vu dans les exercices que vous venez de faire. Quand on parle aux adultes ou dans un contexte plus formel, il convient d'éviter des expressions trop familières.

Nous allons écouter Claire Georgin, une adolescente française qui nous parle de ses vacances d'été. Sa façon de parler constitue un excellent modèle du français courant où elle évite des expressions trop argotiques. Ecoutez le passage et discutez les avantages et les inconvénients:

a de la plage

b de vivre dans les terres

c du port.

Vous reprendrez les phrases suivantes utilisées par Claire:

Par contre,...

Ça, c'est superbe, c'est amusant, c'est très, très bien,
  c'est abominable, c'est dangereux...

Quelque chose d'horrible, c'est que...

D'ailleurs,...   ...c'est-à-dire...

En fait...   Je regrette un peu que... (+ *le subjonctif*)

Regardons ça de plus près

Réécoutez le passage en lisant la transcription suivante.
Notez tous les exemples de la suppression du **'ne'**.

1.1   ▶ ▶ ▶ ▶

Claire: Montpellier est une ville qui se situe dans le Languedoc-Roussillon au bord de la mer Méditerrannée et je vais aller une station ... dans une station balnéaire qui s'appelle le Cap d'Agde. C'est une station dans laquelle je vais depuis que je suis née en fait, oui. Euh, je me fais bronzer au soleil parce qu'il y a un soleil superbe, il fait très, très chaud, la mer est à 24, 25 degrés, ah bon vous voyez. Par contre, quelque chose d'horrible, c'est qu'il y a que des touristes enfin mais des touristes aussi bien français qu'étrangers alors vous...vous vivez sur cinq mètres carrés, juste l'emplacement de votre serviette de bain, et c'est tout. A côté il y a que des étrangers, des gens, ça, c'est abominable. C'est très dangereux pour les gens qui ont des petits enfants parce qu'il faut faire très attention. D'ailleurs, quand vous arrivez, j'aime beaucoup voir ça, vous arrivez sur la plage, vous voyez que des parasols partout de toutes les couleurs, c'est très joli. Puis vous voyez presque pas l'eau, tellement il y a du monde. On peut ... donc ..., enfin bon, voilà. Mais j'ai l'habitude et j'aime beaucoup.

En fait, je vis pas vraiment au Cap d'Agde, je vis dans une maison, une propriété de ma grand-mère qui a..., qui est dans les terres, c'est-à-dire qu'elle est...à 18 kilomètres de la mer et alors là, c'est bien parce qu'il y a... c'est beaucoup plus à l'abri, il y a... c'est vraiment typique méridional, y a pas...il y a très peu de touristes, et donc, c'est la camp..., c'est la pleine campagne, c'est très, très bien. Alors, quelquefois je pars en auto avec mes parents, quelquefois je pars en moto avec mes frères, je préfère, c'est beaucoup plus 'fun', c'est beaucoup plus amusant. Et puis, voilà.

Puis alors le soir quelquefois on reste sur le port, alors là, il y a une ambiance que j'adore. C'est pour ça que je regrette un peu que la maison soit pas au bord de la plage parce que, quand on est obligé de rentrer, c'est un peu triste, mais sinon quelquefois on reste, on prend une pizza sur le port donc, tous les magasins sont ouverts jusqu'à onze heures, minuit le soir, les bars sont ouverts jusqu'à je sais pas... quatre heures du matin quelquefois, quelquefois ça ferme pas enfin donc c'est vraiment ... c'est le pays de rêves, vous oubliez tous vos soucis, c'est très, très bien.

Alors ensuite, je re...fin juill... fin sept... fin août, pardon, je reviens à Paris parce que la rentrée des classes est le huit septembre et euh donc il faut que je remette en marche un peu tout, je... que j'aille racheter mes cahiers, les livres, que je revoie mes amis avant la rentrée parce que après ce sera pas pareil, et puis il faut se remettre dans le bain parisien, voilà.

Et vous, vous avez oublié tous vos soucis? Posez des questions à votre partenaire sur ses vacances. Les notes suivantes vous aideront:

Partenaire A:

Où?
Pour combien de temps?
Tu as logé où?
Avec qui?
Tu t'es bien amusé(e)?
Monuments/sports/nourriture?
Inconvénients?

Partenaire B

Vous parlerez de vos propres vacances ou bien, en vous servant des notes à l'envers ci-dessous, vous inventerez vos vacances l'été dernier en Islande:

A vos stylos!

En français standard, faites un court résumé écrit de ce qu'a fait votre partenaire.

Islande
deux semaines
camping
un groupe d'étudiants
très amusant - des gens de toutes les nationalités
quelques monuments, faite de la marche, de la natation dans les lacs
nourriture - ennuyeuse - pas de fruits
les contre: la pluie, le froid

Deuxième partie ____

De la phrase au paragraphe

Afin de vous exprimer plus clairement soit à l'oral, soit à l'écrit, il faudra analyser les moyens utilisés en français:

a pour **expliquer** et **définir** des termes
b pour **comparer** et **donner des raisons**, en utilisant des phrases subordonnées
c pour **donner son avis**, en nuançant et contrastant des idées différentes
d pour **créer un paragraphe** bien bâti et cohérent.

Dans les unités qui suivent, nous offrons une gamme d'enregistrements sonores et d'articles journalistiques qui illustrent les actes de parole et les structures indiqués ci-dessus. Nous proposons aussi des activités qui vous permettront de créer des textes dans lesquels vous utiliserez ces techniques en donnant votre propre opinion.

2 Expliquer

2.1

Nous réparons un C.C.F.

Nous sommes à Sarzeau, un petit village dans le Golfe du Morbihan en Bretagne. En passant devant la caserne des pompiers, l'engin que vous voyez sur la photo a attiré notre attention: deux pompiers volontaires étaient en train de le réparer.

Remarquez que les gens utilisent beaucoup **c'est-à-dire** et **c'est-à-dire que** quand ils expliquent quelque chose.

Ecoutez le passage et définissez les expressions suivantes, en utilisant **c'est-à-dire** ou **c'est-à-dire que**.

1 Les pompiers réparent un C.C.F., c'est-à-dire...
2 Un des pompiers travaille à l'E.D.F...
3 Ils réparent une fuite...
4 Les rapports de boîtes de vitesse sont spéciaux...
5 Dans la Presqu'île de Rhuys, il n'y a pas de feux de forêts importants...
6 A l'heure de l'apéritif on se détache un peu...
7 Il faut veiller au barbecue...

Regardons ça de plus près

Réécoutez le passage en lisant la transcription suivante. Remarquez les différentes manières qui vous permettent d'expliquer: en définissant et en donnant des raisons ou en mentionnant deux possibilités.

2.1 ▶ ▶ ▶ ▶

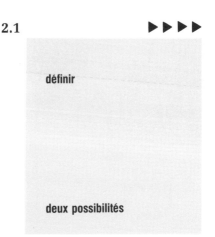

définir

deux possibilités

> **Le pompier:** Personnellement, moi, je travaille à E.D.F. Mon collègue est avec moi donc et travaille à l'équipement. Nous sommes aujourd'hui en vacances et nous réparons donc un C.C.F. **c'est-à-dire** un camion citerne forestier qui, qui a eu une petite fuite alors nous travaillons dessus de façon... à réparer cette fuite.
>
> **K.B:** C'est un camion spécial pour quoi, vous avez dit?
>
> **Le p.:** Un camion citerne forestier, **c'est-à-dire que** c'est un camion qui est spécial donc, pour les feux de forêt. Vous pouvez remarquer que les, les, les pneus sont spéciaux et les rapports de boîtes de vitesse sont spéciaux aussi alors de façon que ça passe partout dans les chemins, les montées et puis tout ça arrache mieux **parce que** c'est la... sur une voiture ordinaire vous avez une traction **soit** avant **soit** arrière mais ici **donc** nous avons la traction sur les deux ponts.

donner des raisons

deux possibilités

K.B: Et est-ce que vous avez des problèmes, des incendies dans les forêts par ici?

Le p: Dans la Presqu'île de Rhuys pas spécialement de...de feux... feux de forêt importants **puisque** nous n'avons pas de grandes forêts mais nous avons quand même souvent des feux de broussaille **étant donné..., vu...,** vu le nombre de campeurs qu'il y a en camping sauvage donc nous avons souvent des feux de forêt. Ce n'est malheureusement pas le cas cette année puisque la végétation est assez humide. Les incendies donc, nous restons dans le domaine des feux de la nature. Il y a aussi eh ben oui, effectivement, vu le camping les accidents domestiques parce que, ne serait-ce que les ... que les ... dans le camping on fait pas mal de barbecues ainsi que ... on aime bien les frites l'été ... souvent on ... surtout à l'heure de l'apéritif, bon, on se détache un petit peu, ce qui est normal il faut bien ... quand on est en vacances profiter de ses vacances mais j'attire l'attention ... j'attirerais quand même l'attention de tous les campeurs ... c'est ... il faut quand même veiller à cette friture ainsi qu'au barbecue qui se trouve à côté parce que lorsqu'il y a **soit** du charbon **ou** du bois – souvent un allumage de bois qui tombe donc sur le sol – avec un petit vent ça peut **donc** avoir de l'importance et se propager assez rapidement.

A vous de définir

Le français contemporain regorge de sigles qui sont souvent des abréviations comme C.C.F. ou E.D.F.

Vous annoncez les titres des informations télévisées de 20h00. Dans la case ci-dessous, vous avez une liste de sigles français. En utilisant des phrases introductives telles que: **Prenons par exemple...**
Nous allons parler de...
Parlons de...

et ayant recours à un bon dictionnaire, vous chercherez à expliquer les sigles suivants (très communs):

Exemple: **Nous allons parler de** l'E.D.F., **c'est-à-dire** de l'Electricité de France.

La C.E.E.	le R.E.R.
le D.E.U.G.	la S.N.C.F.
L'E.N.A.	le S.M.I.C.
une H.L.M.	la S.O.F.R.E.S.
l'I.N.S.E.E.	T.T.C.
un O.V.N.I.	la T.V.A.
l'O.N.U.	un V.D.Q.S.
le P.D.G.	la Z.U.P. sud de Lyon.
la R.A.T.P.	

Il y avait une raison ...

Lisez l'article suivant:

Noël en automne

Agés de 10 ans, ils sont cinq gosses qui habitent Givors, proche banlieue de Lyon. Comme tous les enfants du monde, ils attendent Noël avec impatience. Seulement, c'est encore loin, Noël. Alors, le week-end dernier, ils ont décidé d'avancer le cours normal des fêtes, de se faire leur petit Noël avant l'heure. En cambriolant une usine de jouets, les établissements Pipo. Faut avouer que la tentation était forte: ils sont situés à quelques mètres de leur domicile. Et dans cet antre du Père Noël, ils n'ont que l'embarras du choix. Après avoir hésité devant les trains électriques et les derniers jeux de l'espace, ils emportèrent des panoplies d'infirmiers, des trousses de maquillage pour se déguiser, un walkman... Au total, 5 000 F de jouets divers pour ces Arsène Lupin en culottes courtes. Malheureusement pour eux, ils sont reconnus par des témoins, le conte de Noël se termine au commissariat. Leurs parents répondront pour eux du larcin et le 25 décembre, pour le vrai Noël, la cheminée ne contiendra peut-être... qu'un martinet.

Faites ensuite à deux une liste des raisons, des "pourquoi" qui ont poussé ces enfants à "jouer pour de vrai" aux cambrioleurs! Pour cela, vous devez établir un lien entre leur acte et la raison de cet acte. Regardez les faits ci-dessous et en fonction du contexte, établissez une relation entre eux en utilisant les termes qui suivent.

Exemple: Attendre Noël avec impatience – cambrioler
C'est parce qu'ils attendaient Noël avec impatience **que** les enfants ont cambriolé.

1 Noël est encore loin – faire leur petit Noël avant l'heure.
2 Cambrioler une usine de jouets – l'usine est à quelques mètres de chez eux.
3 Avoir un grand choix pour jouer – voler 5000F de jouets divers.
4 Leurs parents devront payer pour eux – ils ont été reconnus – pas de vrai Noël sinon peut être une punition!

Flash sur ... **donner des raisons**

> C'est parce que ... que ...
> ... parce que ... Donc ...
> Parce que ..., donc ...
> ... puisque ...
> Etant donné que ...
> Vu ...

2.2

... après malheureusement 'y a plus rien ...

Jacqueline est TUC dans une école de langue et elle nous explique son itinéraire qui l'a amenée à cette situation professionnelle.

Ecoutez le passage.

1 Jacqueline nous donne une série de renseignements sur les TUC.
  TUC: Qu'est-ce que ça veut dire?
  Combien d'heures de travail par semaine?
  Pour quel salaire mensuel?
  Ça dure combien de temps?
2 Jacqueline doit remplir ce questionnaire pour des besoins administratifs. Pouvez-vous l'aider?

Nom: ....
Profession: ....
Formation professionnelle: ....
Diplômes obtenus: ....
Expérience professionnelle: ....
....
Situation actuelle: ....
....

3 Jacqueline nous explique sa décision de travailler comme TUC au lieu de rester au chômage.

  Quelles sont les raisons qui ont motivé cette reprise du travail?
  "... Les TUC, c'est bien"... Pourquoi?

Regardons ça de plus près

Au cours de la discussion, Jacqueline nous présente deux aspects intimement liés de sa vie: son travail et sa vie privée. Sa manière de nous en parler est néanmoins différente. Ecoutez de nouveau ce qu'elle nous dit en lisant la transcription. Remarquez sa façon de définir et d'expliquer sa situation.

2.2

expliquer

I. Le G.: Alors Jacqueline, tu es TUC. Qu'est-ce que c'est exactement, un TUC?

Jacqueline: Alors c'est un stage que j'effectue dans le secrétariat pour euh, ne pas être au chômage.

I. Le G.: Oui. Et TUC Jacqueline, tu dis que, euh, que c'est ... que tu as été embauchée TUC pour éviter le chômage. Oui? **Qu'est-ce que ça veut dire, TUC – T-U-C?**

J.: Travaux d'Utilité Collective.

I. Le G.: Et quelles sont les conditions d'embauche euh, au poste TUC? **C'est-à-dire** est-ce que tu as un salaire? Qui paie ce salaire?

J.: Alors les TUC effectuent 20 heures par semaine. Euh, le salaire est de 1250F par mois et tout est payé par l'État. **C'est-à-dire que** la personne qui nous embauche ne, ne, n'a aucune charge à payer.

I. Le G.: Oui. Et c'est un stage qui dure combien de temps?

J.: Alors mon stage va durer un an, le maximum actuellement.

I. Le G.: Oui, et quelle est ta formation pour avoir le droit à, à être TUC?

J.: Alors, j'ai mes diplômes de secrétariat et j'avais travaillé auparavant quatre mois à Paris dans le secrétariat avec des notions de comptabilité.

I. Le G.: Et tu ne trouvais pas de travail?

définir

expliquer

J.: Non, mais **c'est-à-dire que moi**, euh, ma situation est un peu particulière parce que j'ai une fille et euh, bon, quand j'étais au chômage ... je gagnais plus, **'faut l'avouer**, je gagnais plus que maintenant que je suis TUC. J'ai 1000F de moins par mois, mais euh ... j'peux pas sortir comme les jeunes de mon âge, **je veux dire euh** j'ai voulu ma fille et euh maintenant i' faut pas que je la laisse en garde à mes parents ou à des amis. Euh...Ils y sont pour rien, **enfin je veux dire, euh. Mais disons que** la journée, euh, c'est ma mère qui la garde. Et euh ben, dès que je rentre, je prends ma fille et puis je vais chez moi. Mais **je veux dire** ça devenait impossible de rester à la maison même si ... euh un enfant on a toujours besoin de s'occuper de lui, mais **je veux dire** je voyais pas pers ... je voyais pas euh, tellement de gens, euh à la rigueur je devenais fainéante. Parce que j'avais aucun horaire à respecter, donc je traînais, je traînais ... et puis non et puis il fallait que je ... il fallait que je travaille, quoi.

I. Le G.: Oui, oui. Mais justement après, et après?

J.: Et oui, après le TUC, ben c'est la question parce que... mais j'espère trouver du travail. Parce que déjà j'aurai acquis de l'expérience et puis euh je crois que c'est ce que les patrons veulent, hein? Ils veulent ... je veux dire euh, quand on sort des études et moi, c'est le problème que j'ai eu, quand je suis sortie des études, j'ai, j'ai été voir des employeurs, euh, ils m'ont dit non, vous n'avez pas d'expérience, on ne peut pas vous prendre. Et si tous les patrons raisonnent comme ça aussi on ne débutera jamais. Donc je crois que le TUC euh, à ce niveau-là, c'est bien. Ça permet aux jeunes d'avoir euh, d'avoir un peu d'expérience, de, de pas se sentir 'paumé', quoi, euh lors de son premier emploi.

I. Le G.: Uhmmm. Et tu aurais la possibilité de faire un deuxième TUC par exemple si tu ne trouvais pas d'autre travail pour continuer à avoir un salaire?

J.: La durée des TUC est de 12 mois ... ça dure que 12 mois et, euh, après malheureusement, 'y a plus rien.

A vous d'expliquer

Une interview

Comme Jacqueline, vous voulez être capable de définir et d'expliquer simplement à votre intervieweur(se) l'information qu'il/elle vous demande. Imaginez que vous devez faire une enquête pour un journal local sur: "Ce qu'ils en pensent..." Vous voulez obtenir des renseignements sur ce que votre interviewé(e) pense des thèmes suivants:
– le progrès
– être un homme (courageux, chef de famille, doux, patient, beau...)
– être une femme (jolie, charmante, intelligente, efficace...)
– passer un bon moment
– être 'in'

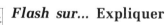

Flash sur... **Expliquer**

> Pour moi personnellement, ... et bien c'est ...
>
> C'est-à-dire que c'est ...
>
> Je veux dire que c'est ...
>
> Ce qui veut dire que c'est ...
>
> Ce qui revient à dire que ...
>
> ..., c'est ...
>
> Autrement dit, c'est ...
>
> ... soit ...
>
> ... si vous voulez, c'est ...
>
> ... en d'autres termes, ...
>
> Disons que ...

Deux par deux (un(e) intervieweur(se) et un(e) interviewé(e)) vous réalisez cette interview. Quelques conseils:

L'intervieweur(se): Posez des questions simples et précises où vous utiliserez:

Qu'est-ce que c'est pour vous que...?
Qu'est-ce que vous entendez par...?
Qu'est-ce que signifie pour vous...?
Selon vous ..., qu'est-ce que c'est?
Qu'est-ce que veut dire...?

L'interviewé(e): Utilisez dans vos réponses des tournures de la case à gauche.

Nathalie, mère à 16 ans

« REPORTAGES »
TF1, 13 h 15

« Ça m'a fait tout drôle quand je l'ai appris, dit-elle avec son accent du Midi, *mais jamais je n'ai pensé abandonner l'enfant. »* Nathalie a 16 ans et sa fille Noémie vient d'avoir quatre mois. Elle dort au rez-de-chaussée, à la crèche, ouverte jour et nuit. Il est midi, l'heure des courses. Sa voisine, Sarah, qui aurait tout juste l'âge de passer son BEPC s'il existait encore, toque à la porte pour emprunter le landau: *« Rapporte-moi des couches,* demande Nathalie, *tu les trouveras sur la pile de gauche en entrant. »* Mince et agile dans son jean et son pull de maille un peu lâche, le cheveu en bataille, cette enfant de 16 ans a déjà des réflexes et des rêves de *« jeune femme »: « L'âge, j'y pense pas. C'est comme si j'avais 30 ans. »* Elle pense à l'appartement qu'elle espère obtenir en sortant du Centre maternel: *« J'ai fait une demande. On verra bien. »* Elle pense à la salle à manger qu'elle aimerait avoir et à une chambre supplémentaire pour sa fille: *« Les enfants ont besoin de coins à eux. Ici, au foyer, c'est un peu petit. Je n'ai qu'une pièce avec une salle de bain et cette kitchenette. »*

Le matin elle se lève, s'habille, prépare sa fille, la laisse à la crèche et file suivre son stage du Centre inter-professionnel d'agent d'artisanat et commercial. Deux jours de formation et le reste de la semaine à la Supérette où elle gagne, comme stagiaire, 3 800 F par mois. Avant, elle touchait 3 426 F de l'Aide aux parents isolés. Au mois d'août, elle espère bien se marier avec le père de sa fille, qui a 21 ans et qui sortira juste de prison à cette époque-là.

Le Centre maternel des Lauriers, sur la route d'Uzès, dépend de la DDASS. Depuis 1983, il est dirigé par Mme Alaoui, autrefois sage-femme: *« Ici, on accueille des jeunes femmes en difficulté. On les aide à devenir autonome, à trouver un travail, un logement, à combler leur solitude, à élever leurs enfants. Ici,* on leur dit: *Toi aussi tu existes, toi aussi tu as une valeur et tu dois devenir exigeante pour obtenir ce que tu souhaites. »* Comme le dit Dominique Halnaut, éducateur-chef, *« on leur donne une forme de valorisation, mais ce n'est en aucun cas de l'assistanat. Nous avons supprimé la cantine pour qu'elles préparent elles-mêmes leurs repas. Nous ne leur proposons sur place aucun stage ou aucune activité de manière à ce qu'elles apprennent, avec notre aide, à se débrouiller seules ».*

On peut toutefois se demander si ce serait attenter à leur liberté que de leur offrir quelques cours de grammaire, de cuisine ou de couture, pour apporter, encore un supplément de convivialité; car dans ce foyer des Lauriers qui ressemble, par endroit, à un couvent charmant ou à la pension de *Fermina Marquez,* malgré le soleil de Nîmes et la couleur vert olive des volets de bois, ces jeunes femmes trouvent parfois les journées un peu longues et solitaires. Et pourtant, la solitude, elles connaissent. Nathalie, abandonnée par sa mère, *avait besoin d'une personne de sa famille »,* et elle a eu cette enfant.

Isabelle GIRARD

Les sous-titres ci-dessous correspondent à chaque paragraphe de l'article d'Isabelle Girard, mais ils sont dans le désordre. Lisez cet article et décidez quel titre convient le mieux à chaque paragraphe.

A Une journée typique dans la vie de Nathalie
B Ce qui pourrait être fait pour améliorer la vie au foyer
C Le foyer d'accueil et ce qu'il propose
D Présentation de Nathalie, fille-mère

A vos stylos!

Par groupes de trois, vous composez en quinze lignes une histoire dont la première phrase sera: "Il/Elle avait 16 ans et venait de finir son dernier morceau de pain..." et la dernière phrase sera "...Il/Elle avait besoin d'un(e) ami(e), c'était lui/elle." Chaque membre du groupe écrira un paragraphe de cinq lignes. Vous devez vous mettre d'accord sur le thème de chaque paragraphe et l'ordre d'entrée dans l'histoire: description du personnage, description de sa situation (lieu, temps, conditions,), réflexions du journaliste..., etc.

Attention au choix des temps et souvenez-vous: un bon récit doit être clair, ordonné et vivant!

Comparer

comparer dans le temps
tandis que/pendant que/alors que

Du nord au sud de la France, le paysage bouge!

3.1

St–Gildas–de–Rhuys

Ecoutez Madame Bellorge qui est propriétaire d'un camping à St-Gildas–de–Rhuys, une station balnéaire située dans le Golfe du Morbihan en Bretagne. Recopiez la grille ci-dessous, en la remplissant avec les détails donnés par Madame Bellorge sur les différences entre la vie d'autrefois et celle d'aujourd'hui.

	Autrefois	Aujourd'hui
L'emploi: pour les hommes		
pour les femmes		
Les habitations - les écuries		
Le niveau de vie des habitants		

Vérifiez vos réponses en réécoutant le passage tout en lisant la transcription suivante:

3.1 ▶▶▶▶

Madame Bellorge: Autrefois c'était tout à fait différent de maintenant. Le tourisme a quand même changé un petit peu le pays, l'a enrichi. Les gens étaient pauvres autrefois. Les messieurs, ils n'avaient qu'un métier, c'était la marine. Ils partaient très jeunes. Mon père... Papa est parti à l'âge de 13 ans comme mousse. Alors, les gens...les femmes de marin pour mettre un petit peu de beurre dans les épinards, avaient deux ou trois vaches. Alors, ils ont... ils trouvaient donc le lait. Ils faisaient de la... du fromage blanc, enfin, ils nourrissaient la famille avec le lait. Et bon, ben, les vaches ont disparu, bien sûr, avec le tourisme, ce n'est pas possible. Le tourisme est arrivé. Les vaches ont disparu et on a donc fait des maisons d'habitation pour remplacer les écuries. Les écuries qui existaient ont été donc refaites en maisons d'habitation pour mettre les estivants. Alors, à partir de ce moment-là, eh ben, St-Gildas s'est remué un petit peu et s'est enrichi. Les terrains ont pris de la valeur et cetera et les gens quand même avaient un peu plus de bien-être. Parce qu'autrefois les femmes ne travaillaient pas. Il n'y avait pas de travail pour la femme. La femme, c'était le travail de la maison, raccommoder, attendre son mari, rejoindre, le rejoindre dans les ports quand elle pouvait, parce que souvent elle avait personne pour garder les enfants à la maison. Alors, c'était très, très difficile, la vie autrefois.

3.2   ## St–Cirq Lapopie

Monsieur la Roque habite près de St–Cirq Lapopie dans le Lot. Attention — il a l'accent du Midi! En écoutant le passage il vaudrait mieux lire la transcription suivante pour mieux comprendre.

Recopiez la grille. Complétez-la par les détails donnés sur la vie campagnarde dans le Lot.

	Autrefois	Aujourd'hui
Les moyens de locomotion		
Le niveau de vie		
La population		
Le travail		

3.2 ▶▶▶▶

K.B: Et comment c'était, euh, quand vous étiez garçon?
Monsieur la Roque: Ah ben, c'était pas comme aujourd'hui, ça a drôlement changé, hein! ... au point ... sur tous, sur tous les points. Il y avait pas de voiture, on n'avait qu'un vélo, un vélo que je l'ai acheté, je l'ai gagné pour me l'acheter. A l'époque, les parents n'étaient pas riches. Alors, il m'a fallu travailler pour m'acheter mon vélo. Et toute la jeunesse marchait en vélo. On partait à la fête quand il y avait une fête, une dizaine ou une douzaine ou quinze mais tous en vélo. Il y avait pas d'autre locomotion. On était contents quand même. Alors, au lieu que maintenant, les temps ont bien changé, maintenant. D'un côté, ça va pas plus mal. Tout ça a évolué.
K.B: Vous croyez que c'est bien?

M. la R: Oui, oui. Parce que ... on vit mieux qu'il y a cinquante ans. On a un train de vie différent. Eh, oui.

K.B. C'était dur dans le temps?

M. la R: Eh oui. Oui, oui. C'était dur, on ne gagnait pas...les ouvriers ne gagnaient pas beaucoup d'argent, hein! Il fallait pas, il fallait pas aller tous les soirs en boîte! Autrement ... d'abord 'y en avait pas...'y en avait pas, je crois.

K.B Est-ce qu'il y avait plus de population? Est-ce que les jeunes restent à St-Cirq Lapopie ou est-ce qu'ils partent maintenant?

M. la R: Dans le Causse* ... dans le Causse, il y a quelques exploitations qui sont restées mais les jeunes qui montent maintenant - ils restent pas dans le bourg, il y a rien, il y a rien pour... il y a que des retraités dans le bourg. Il y a qu'un tourneur sur bois, il vit de ça, lui. Autrement, à part ça, c'est que des retraités ou restaurants ou cafés.

K.B: Oui. Alors, c'est le tourisme.

M. la R: C'est le tourisme, oui. Le tourisme, c'est primordial ici pour les commerçants.

K.B: Il y a beaucoup moins de personnes qui travaillent sur la terre?

M. la R: Ah, il y a moins.

K.B: C'est à cause des machines?

M. la R: A cause des machines. L'évolution est là. Il y en a beaucoup qui préfèrent prendre une place administrative que rester à la terre. C'est pas le même travail dans la bureaucratie que le travail de la terre!

* plateau calcaire dans le Midi de la France.

 Flash sur ... comparer

Autrefois /dans le temps /à l'époque ...	Tandis que ...
il y avait moins de ...	Alors que ...
il y avait plus de ...	Pendant qu' actuellement/maintenant ...
il n'y avait pas autant de ...	on travaille plus à...
la vie était moins/plus ... qu'aujourd'hui ...	on vit mieux qu'il y a cinquante ans.
ils travaillaient/ils gagnaient/ils faisaient/ ils nourrissaient ...	
il a fallu ... / on partait ... / on était ...	

 A vos stylos!

Réécoutez les passages **3.1** et **3.2** ou relisez les transcriptions. Rédigez un paragraphe dans lequel vous commentez les contrastes entre la vie paysanne d'autrefois et la situation actuelle. Vous vous servirez des modèles donnés ci-dessous (à la page 26):

Tandis qu'	autrefois ...,	à l'heure actuelle ...	
Alors qu'		actuellement ...	
		aujourd'hui ...	
		maintenant ...	
Les paysans d'autrefois (n')	étant (pas) ...,	ils vivaient ...	
	ayant ...	étaient ...	
		avaient ...	
		la vie était ...	
Bref, on peut dire ... quand même ... maintenant.			

Lunatiques

CAVALIER SEUL

Lunatiques

IL y aura donc, dans vingt ans, peut-être plus tôt, une colonie humaine sur la Lune : l'expédition ne présente, paraît-il, que des difficultés financières.

Le colonisateur en chef de la N.A.S.A. affirme que l'humanité en tirera grand profit pour l'extension de son règne dans le système solaire, où nombre d'astres, en effet, ne savent manifestement pas comment se détruire eux-mêmes et attendent, en brillant d'impatience, que nous venions le leur apprendre.

Quant aux lunatiques volontaires, ils jouiront d'avantages considérables. On leur fournira, par exemple, les moyens d'une lévitation permanente qui ne devra rien à la mystique et tout au magnétisme. Ce sera sans intérêt, mais bien agréable. Étant beaucoup moins lourd qu'ici-bas, ils auront moins d'énergie à dépenser pour se mouvoir. On se demande d'ailleurs pourquoi ils se déplaceraient. Le paysage est vide comme un discours électoral. Sur la Lune, il n'y a rien à voir que la Terre.

Comme ils seront heureux ! Tout de même, à leur place, on choisira prudemment la face cachée.

André FROSSARD.

©André Frossard, *Le Figaro* 26 septembre 1986.

Lisez le texte et commentez:

a l'ambiguité du titre — *Lunatiques*

b l'attitude de l'auteur en disant que 'nombre d'astres ne savent manifestement pas comment se détruire eux-mêmes...'

c les avantages dont jouiront les 'lunatiques volontaires'

d pourquoi selon l'auteur il ne sera pas avantageux d'être beaucoup moins lourd que sur la Terre.

A vous de comparer

1 «Etant beaucoup moins lourd qu'ici-bas, ils auront moins d'énergie à dépenser pour se mouvoir.»

Inventez d'autres phrases identiques dans lesquelles vous faites les comparaisons:

Exemple: Etant beaucoup moins occupés qu'ici-bas, ils auront plus de temps pour s'amuser.
Ayant beaucoup moins de divertissements qu'ici-bas, ils s'ennuyeront plus.

2 «Le paysage est vide comme un discours électoral.»
Pour vous, qu'y a-t-il de vide comme un discours électoral?
Inventez d'autres phrases suivant le même modèle.

 3 Situation: la Terre va périr. Toute forme de vie est condamnée à disparaître dans deux jours à cause de la radiation. Un navire spatial arrivé d'un autre système solaire atterrit et les occupants veulent bien sauver 12 personnes qui créeront un nouveau monde sur une planète qui ressemble à la Terre.

Travaillez par petits groupes. Imaginez que vous êtes le comité de sélection et vous devez décider qui peut être sauvé. Inventez une liste de critères qui vous permettront d'arriver à une décision. (Par exemple, intelligence, beauté, fertilité, force physique, etc.)

Dressez une liste des critères, en les mettant par ordre d'importance. Discutez–en avec les autres membres du groupe.

Exemple: –Je pense que l'intelligence est plus importante que la force physique parce que...
–Je ne pense pas que les hommes soient essentiels. Pour la survie de la race humaine, il faut procréer. Pour cela un homme fertile suffit. En plus, la fertilité chez les femmes est plus importante que l'intelligence.

 4 Faites le bilan. Rédigez un paragraphe dans lequel vous faites le bilan des décisions prises par votre groupe. Vous suivrez le modèle donné:

Pendant qu' Alors qu' Tandis qu'	il est indispensable que les gens élus par le comité de sélection soient................, il faut néanmoins considérer aussi.................... Pour cela, il faut choisir des gens qui........ (+ *le subjonctif*)
de sorte que..... au point que..... pour que Pour ma part, je (ne) pense (pas) que........	(+ *le subjonctif*).....

4 Donner son avis

- demander et donner son avis
- nuancer
- contraster

4.1

Je suis tout à fait d'accord

En France on parle beaucoup de 'la bouffe'. Mais est-ce que le jeune Français est un bon vivant? Et est-ce que les vins français restent les meilleurs vins du monde?

Nous allons écouter Madame Paviotte, la propriétaire d'une cave qui s'appelle *Les amis du vin*. Lisez les phrases incomplètes ci-dessous. Cela vous donnera une idée de ce que contient le passage que vous allez écouter. Ecoutez bien ce qu'elle dit avant de recopier les phrases en les terminant avec votre propre formulation des idées entendues.

1 Les meilleurs vins du monde sont français. On ne peut pas nier quand même que ...
2 Les choses sont en train d'évoluer. La jeune génération ...
3 Il est possible que les fast food ... mais ...
4 Le Français restera ...

Regardons ça de plus près

Réécoutez le passage en lisant la transcription suivante. Faites la liste des phrases et des expressions utilisées pour demander et donner son avis et pour nuancer ses propos.

4.1 ▶ ▶ ▶ ▶

demander l'avis de quelqu'un

donner son avis

nuancer

contraster

I. Le G.: Est-ce que vous seriez d'accord avec ce qui est dit un peu à l'étranger, les meilleurs vins sont français et le Francais est un bon vivant?

Mme Paviotte: Oh, **tout à fait.**

I. Le G.: Oui.

Mme P.: **Je suis tout à fait d'accord.** Euh, **je pense que** les meilleurs vins du monde sont français... oui, oui, **globalement,** hein, **je ne dis pas qu**'on ne trouve pas d'excellentes choses à l'étranger, j'ai eu l'occasion de boire des vins californiens qui étaient assez réussis... euh, des vins du Rhin aussi ... euh ... **Par contre,** on pourrait ... les choses sont en train d'évoluer, hein. Les jeunes commencent à appréci... à mieux connaître les vins. 'Y a un phénomène de société **quand même** qui se produit depuis quelques années: on s'intéresse mieux aux vins que nos, que nos parents et nos grands-parents.

I. Le G.: Oui, et alors pour finir, **vous ne pensez pas que les fast food soient** néfastes pour notre, pour nos Français bon vivants.

demander l'avis de quelqu'un

Mme P.: Ah, **je n'y crois pas. Je n'y crois pas. Je ne crois pas que le Français soit rendu là** ... euh ... **il est possible que les fast food aient quand même** de l'avenir auprès d'une certaine clientèle jeune pressée, mais ... a passé la trentaine, non, ah non, non, non. **Je crois que** le Français restera traditionnellement un bon vivant – je l'espère tout au moins. Hein, on a trop de bonnes choses pour être en train de, de saccager le..., notre palais avec tout ce qu'on nous propose à côté, qui est plus ou moins quand même de bon ton, hein? **Je sais pas si c'est votre avis à vous, mais enfin c'est le mien.**

**donner son avis
modaliser (nuancer)**

donner son avis

I. Le G.: Certainement, certainement.

 Flash sur... donner son avis

Remarquez les tournures utilisées pour **demander** et **donner son avis:**

Vous seriez d'accord avec ...?	Je pense que ... sont ...
Vous ne pensez pas que ... soient ...?	Je n'y crois pas.
	Je ne sais pas si c'est votre
Oui, tout à fait.	avis mais enfin c'est le mien.
Je suis tout à fait d'accord.	

Pour exprimer votre opinion vous rajouterez à cette liste les expressions suivantes:

Moi, personnellement ...	Quant à moi, ...	C'est du moins mon opinion.
Pour ma part, ...	D'après moi, ...	Je suis convaincu(e) que ...
Mon opinion, c'est que ...	A mon point de vue, ...	Je suis persuadé(e) que ...
Mon idée, c'est que ...	Pour moi, ...	Je suis certain(e) que ...
Mon sentiment, c'est que ...	Il me semble que ...	Je suis sûr(e) que ...

 A vous de donner et de nuancer votre avis

Opinion en chaîne

Que pensez-vous du walkman, des vacances à la mer, du disco le vendredi soir, des fast food, de la baguette française?!

29

A chacun son tour de donner son avis sur les thèmes proposés. Vous formerez une chaîne dans laquelle chaque personne soutient ou nuance l'argument de son voisin:

Exemple:

– Je pense que le walkman permet d'écouter la musique qu'on aime où on veut quand on veut.
– Je suis tout à fait d'accord.
– Tu ne penses pas que ça soit nocif pour les oreilles?...

A vous de continuer en utilisant les expressions de la case ci-dessus.

 Thème secret

Avec votre voisin choisissez un thème que vous allez débattre devant la classe pendant deux minutes ... mais sans mentionner le thème que vous avez choisi. A eux de deviner de quoi vous parlez! Utilisez les phrases relevées dans le passage que vous venez d'étudier pour nuancer vos propos.

Exemple:

Thème: le chocolat

Partenaire A: Globalement, on peut dire qu'on devrait éviter d'en manger. Je ne dis pas que ce n'est pas délicieux mais ça fait grossir et c'est mauvais pour les dents.

Partenaire B: Par contre, il y a des fois où c'est nécessaire. Si on fait de la marche en montagne par exemple.

Partenaire A: Oui, vous avez raison mais il ne faut pas exagérer quand même. C'est délicieux – j'adore la mousse faite avec cela – mais toutefois on ne devrait pas en manger trop.

 Flash sur ... nuancer

> Oui, globalement, ...
>
> Je ne dis pas que ...
>
> Par contre, ...
>
> Il est possible que ... aient ...
>
> ... quand même ...

FAST FOODS

Prendre le volant

Les fast foods passent la vitesse supérieure et adoptent de plus en plus une autre conduite. Elle consiste à prendre les repas sans même descendre de sa voiture. Après Marseille, Toulouse, Saint-Etienne, Béziers, c'est au tour de la région parisienne d'entrer en piste... avec les drive-in de Créteil et de Paris-Nord II.

Il est évident que ce genre de formule, mise au point par une grande chaîne de restauration rapide, sied plus à la génération d' « American Graffiti » ou à ceux d'entre nous toujours pressés – surtout lorsque l'on fait ses courses – qu'aux défenseurs de la gastronomie française.

C'est pourquoi les drive-in sont installés bien souvent sur les parkings des grands centres commerciaux. Le principe est simple: en une minute, sans quitter son volant, on passe sa commande par l'intermédiare d'un micro, qui se « personnalise » trente secondes plus tard en une charmante hôtesse qui vous tend votre plateau-repas. Reste à grignoter son hamburger et siroter son milk-shake sur le parking prévu à cet effet ou dans un endroit plus champêtre. Une formule très ludique qui remporte déjà l'adhésion des enfants et qui risque de bousculer un certain conformisme chez plus d'un d'entre nous.   A.B.

Quick drive-in, Paris-Nord II. Ouvert tous les jours de 10 h à 22 h 30, dimanche et jours fériés compris.

Prendre le volant

Prendre le volant

Lisez l'article de gauche:

Faites une liste:

1 des personnes qui seraient attirées par ce mode de restauration
2 de ceux qui ne l'aimeraient point!
3 des avantages des fast food en général et du drive-in en particulier.

Remarquez la structure de l'article:

Premier paragraphe
L'auteur attire notre attention par un jeu de mots et il expose le thème qu'il va traiter.

Deuxième paragraphe
Développement de l'argument
Il est évident ...
Qu'est-ce qui est évident?

Troisième paragraphe
Explication
C'est pourquoi?
Qu'est-ce qui est résumé par **C'est...**? Quel phénomène est-ce qu'on explique? Quelle en est la cause?

A vos stylos!

En utilisant un des termes d'opposition cités dans la case à la page 32 faites une phrase à partir des deux phrases suivantes:

A 90% des Français se disent fiers de la gastronomie française.
   On subit un véritable boom du fast food.
B La restauration rapide ne sied pas aux défenseurs de la gastronomie française.
   Elle convient à ceux d'entre nous qui sont toujours pressés.
C La cuisine et le vin ont une grande importance dans la vie quotidienne des Français.
   Le nombre d'établissements de restauration rapide en France augmente progressivement.

Flash sur ... l'opposition

Pour exprimer l'opposition au niveau phrase, vous vous servirez des termes de liaison suivants:

Conjonctions	Adverbes
... mais ...	pourtant
bien que ... (+ *le subjonctif*)	cependant
	néanmoins
quoique ... (+ *le subjonctif*)	toutefois
Si ..., il est néanmoins vrai que...	

 'Nous vivons un changement de société!'

Tel est le titre d'un débat auquel vous participez. Vous avez bien l'intention de convaincre votre interlocuteur et pour cela, vous avez récolté des sondages qui vont vous servir de preuve indiscutable!

Par groupes de deux, chacun de vous choisit le sondage et le sujet que vous voulez développer et vous préparez par écrit votre intervention. Vous la lirez ensuite à votre interlocuteur avec le ton le plus convainquant possible!

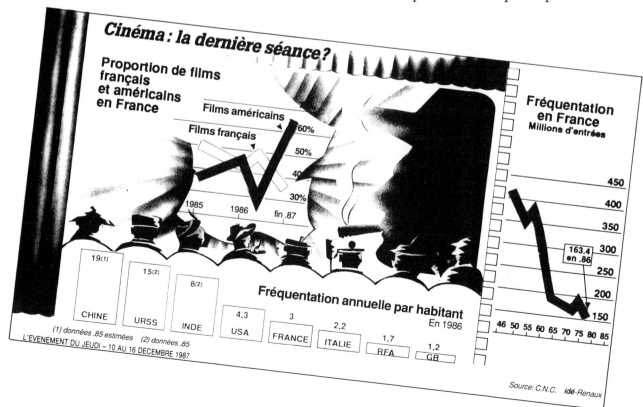

Cinéma : la dernière séance?

Proportion de films français et américains en France

Films américains

Films français

60%
50%
40%
30%

1985   1986   fin .87

CHINE	URSS	INDE	USA	FRANCE	ITALIE	RFA	GB
19(1)	15(2)	8(2)	4,3	3	2,2	1,7	1,2

Fréquentation annuelle par habitant
En 1986

(1) données .85 estimées   (2) données .85
L'EVENEMENT DU JEUDI – 10 AU 16 DECEMBRE 1987

Fréquentation en France
Millions d'entrées

450
400
350
300
250
200
150

163.4 en .86

46 50 55 60 65 70 75 80 85

Source: C.N.C.   idé-Renaux

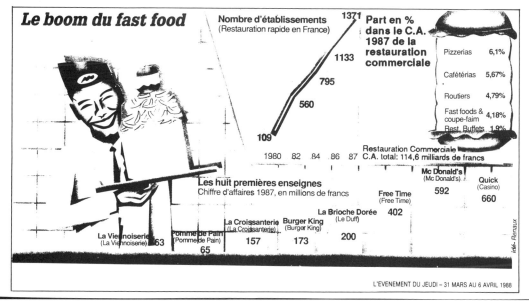

Le boom du fast food

Nombre d'établissements
(Restauration rapide en France)

1371
1133
795
560
109

1980 82 84 86 87

Part en % dans le C.A. 1987 de la restauration commerciale

Pizzerias	6,1%
Cafétérias	5,67%
Routiers	4,79%
Fast foods & coupe-faim	4,18%
Rest. Buffets	1,9%

Restauration Commerciale
C.A. total: 114,6 milliards de francs

Les huit premières enseignes
Chiffre d'affaires 1987, en millions de francs

La Viennoiserie (La Viennoiserie) 63
Pomme de Pain (Pomme de Pain) 65
La Croissanterie (La Croissanterie) 157
Burger King (Burger King) 173
La Brioche Dorée (Le Duff) 200
Free Time (Free Time) 402
Mc Donald's (Mc Donald's) 592
Quick (Casino) 660

Idé-Renaux

L'EVENEMENT DU JEUDI – 31 MARS AU 6 AVRIL 1988

Vous commencerez par: A mon avis, ... /Je pense que .../Sans aucun doute...
les Français ont des goûts culinaires qui changent!
... les Français préfèrent leur télé au cinéma ...

Et **vous continuerez** en donnant des exemples tirés des sondages introduits par:
En effet .../D'ailleurs .../Par exemple ...
Il semblerait que les Français préfèrent les pizzas ... aux hamburgers ... car bien que le nombre des MacDonald's ..., le chiffre d'affaires ...

 Résumez vos idées en rédigeant un paragraphe selon les schémas donnés ci-dessous:

Le boom du fast food

- Si (*les Français aiment bien manger*) il est néanmoins vrai que ...
  (*un boom du fast food*).
- Il est évident que ... (*gens pressés – n'ont pas le temps ...*).
- C'est pourquoi ...(*recours à la restauration rapide*).
- A mon avis, les Français ...

Cinéma: la dernière séance?

- Si (*la fréquentation du cinéma la plus élevée d'Europe*), il
  est néanmoins vrai que ... (*films américains/films français*).
- Il est évident que (*l'invention du téléviseur – les gens restent plus chez eux*).
- C'est pourquoi (*depuis 1946 – diminution progressive de la fréquentation du cinéma*).
- Pour ma part, je pense que .../je ne pense pas que ...

33

Troisième partie _____

Du paragraphe au texte

Cette partie vous formera à la conception et à l'écriture de textes.

En nous appuyant sur des documents authenthiques soit oraux, soit écrits, nous mettrons à jour dans chaque unité les différentes techniques utilisées pour produire une argumentation construite et cohérente.

Pour bien argumenter, il faut **structurer** votre expression, et pour cela vous devez savoir:

introduire le sujet
exposer des idées
rendre compte d'une expérience vécue ou de constats
donner des exemples
réagir face à des arguments proposés par autrui
concéder quelques points (pour mieux **objecter!**)
faire le point
et **conclure**

Et si on faisait du sport!

A deux, répondez aux questions suivantes:

Vous êtes fana de sport?
Quel(s) sport(s) pratiquez-vous?
Combien de temps y consacrez-vous par semaine?
Considérez-vous que c'est suffisant pour vous maintenir en forme?
Pensez-vous qu'on devrait faire plus de sport au lycée? Pourquoi?

A votre avis, est-ce que votre ville est suffisamment bien équipée en complexes sportifs?

Après, avec votre partenaire:

a faites une liste de tous les arguments en faveur du sport
b proposez des solutions pour concilier le sport et les obligations de la vie quotidienne
c classez les différents sports que vous connaissez en fonction du plaisir qu'ils apportent et du bien qu'ils font.

A vos stylos!

'Le sport est nécessaire pour se maintenir en forme'.
Qu'en pensez-vous?
Argumentez votre point de vue (300 mots maximum).

Voici un échantillon de phrases qui vous permettront de structurer votre pensée et de produire un texte.

Phrases	Contenu
De nos jours, le sport ...	sport/forme
La question se pose ... On peut se demander si ...	concilier sport/vie quotidienne
Il est prouvé que ... Que ..., toutes les statistiques le prouvent.	sport/santé sont liés

Si on pratique un sport tel que ...
  on améliore ...
  réduit les risques de ...
	exercice régulier /forme physique

Pourtant, il faut admettre que ... Cependant ...	problème: trouver le temps nécessaire
Même si ..., néanmoins ... En somme, ...	temps consacré au sport, - gain pour la santé - meilleure efficacité

Dissertation modèle

introduire

De nos jours, le sport occupe une place importante dans le maintien de notre bien-être physique et moral: on ne conçoit pas une vie saine sans la pratique régulière d'exercices physiques. Mais malheureusement, équilibrer vie quotidienne et sport n'est pas toujours matériellement facile à organiser et en tenant compte de toutes les obligations qui s'accumulent dans une journée, **on peut se demander** s'il est possible de concilier la pratique régulière d'un sport avec les contraintes de la vie quotidienne.

exposer des idées

rendre compte
donner des exemples
réagir et concéder

Que le sport soit un élément indispensable au maintien de notre forme n'est plus à mettre en doute: **toutes les statistiques le prouvent. Si on pratique régulièrement un sport tel que** la natation par exemple, on réduit les risques de problèmes cardiovasculaires et on améliore sa résistance physique face au stress de la journée. **Cependant il faut admettre que** pour pouvoir bénéficier des bienfaits du sport, il faut une certaine régularité et y consacrer sans doute un minimum de trois heures par semaine. Cela n'est malheureusement pas toujours facile, et parfois même impossible: il arrive souvent que l'on doive sacrifier son activité sportive quand le travail est trop important ou bien quand les examens approchent. Mais soyons honnêtes: **même si** trouver le temps libre nécessaire est un effort, ce n'est **néanmoins** qu'un problème d'organisation au service de sa santé et d'une meilleure efficacité dans le travail.

faire le point

conclure

En somme, il est important de se forcer à pratiquer un sport régulièrement, car en plus du bien-être physique qu'il nous procure, il nous apporte des instants de plaisir: être avec des amis, gagner une course, améliorer ses performances, ou avoir un contact avec la nature.

Introduire le sujet 5

poser le problème
accrocher l'œil du lecteur

S'il vous faut parler ou écrire intelligemment sur un thème précis, il s'agit normalement d'un problème qu'il faut éclairer.

Pour bien exposer un sujet il faudra donc d'abord savoir l'introduire. Cela se fait de la façon suivante:

1 **définir** les termes
2 **distinguer** les aspects divergents du problème
3 **expliquer**
4 **poser le problème** d'une façon claire et logique mais nuancée.

5.1

La médecine douce

Jean est médecin. Isabelle Le Guilloux lui demande d'expliquer les différences entre la médecine traditionnelle ou allopathique et la médecine dite douce ou homéopathique. Quelle place prendrait la médecine douce dans le grand courant des pratiques traditionnelles?

Ecoutez le dialogue. Rangez les termes donnés en deux listes distinctes:

allopathique   homéopathique   la naturopathie médecine de médicaments classiques
l'acupuncture   l'iridologie   une pensée cartésienne une démarche analytique, expérimentale
des concepts ésotériques   la diététique

Médecine traditionnelle	**Médecine douce**

Répondez aux questions suivantes:

1 Jean, est-il pour ou contre **a** les médicaments classiques?

b les médecines douces?

2 Pourquoi le courant universitaire s'oppose-t-il à des médecines douces?

5.1

Regardons ça de plus près

Réécoutez le passage en lisant la transcription suivante. Remarquez la façon dont Jean introduit le sujet.

I. Le G: Alors, euh, en tant que, euh, interne tu as quand même une, euh, l'expérience pour soigner les gens, les personnes et, euh, bon il y a ce qu'on appelle la médecine un peu traditionnelle, la médecine qui est, euh, pratiquée euh, couramment dans les hôpitaux et les médecines douces. Est-ce que tu pourrais nous, nous parler un peu de la différence entre ces deux médecines?

définir les termes
distinguer deux courants
 différents

expliquer la situation

distinguer

Jean: Oui, alors, euh, ce que tu donnes comme terme pour médecine traditionnelle **c'est en fait ce qu'on appelle,** nous, la médecine allopathique, **c'est-à-dire** la médecine des médicaments classiques. Euh, **s'y oppose** toute une catégorie de médecines qui sont dites 'douces'. **Est-ce que ça veut dire que** la première est dure? On ne sait pas. Dans ces médecines on a les plus connues qui sont l'acupuncture qui est une tradition millénaire, l'homéopathie qui date du siècle dernier mais également toute une catégorie de médecines iridologie, naturopathie, diététique et puis bien d'autres encore. Alors, euh, **il est bien évident que** le courant universitaire s'oppose à ces médecines qui ne relèvent pas ... d'une pensée cartésienne, c'est-à-dire d'une démarche, euh, analytique et d'une démarche expérimentale disons. Ces médecines-là sont basées sur des concepts, euh, plus **dirons-nous** ésotériques Euh, **il s'agit de,** pour l'acupuncture, de concepts énergétiques qui échappent totalement aux investigations de la médecine classique. **Quant aux** autres, euh, euh, là encore, elles sont très critiquées parce que certaines correspondent à un courant de pensée ou à une mode actuelle, euh, sans qu'on sache véritablement où commence la réelle médecine et où commence le, la mode en elle-même.

Flash sur... introduire un sujet

définir
... c'est en fait ce qu'on appelle ...
... c'est-à-dire ...
... ce qui veut dire ...

distinguer
... s'y oppose ...
Il faut distinguer (une chose d'une autre)

expliquer
Il est bien évident que ...
Il s'agit de ...
Quant à ...

poser le problème d'une façon nuancée
... d'un côté ... d'un autre côté ...
Par contre ...
D'autre part ...

A vous d'introduire

Préparez-vous à exposer vos idées sur le problème des accidents de la route. Exposez vos idées aux autres dans la classe en utilisant les termes suggérés à la page 37 pour:

1 définir
2 distinguer
3 expliquer
4 poser le problème

Accidents: la première cause de décès chez les jeunes

définir	des 4179 jeunes décédés en 1983, plus de la moitié (2156) sont morts des suites d'un accident (de la route)
distinguer	des accidents imputables **1** à l'alcool **2** au goût du risque particulier à cet âge
expliquer	les risques d'accidents sont liés à la révolte, à la violence, au désir de briller, d'être reconnu, aux tentatives de suicide claires ou masquées
poser le problème	comment protéger les jeunes? le principal péril: les vélomoteurs/les motos les mesures bienvenues: le port du casque, les limitations de vitesse, le contrôle de l'alcoolémie l'éducation joue aussi son rôle: la sécurité s'apprend à l'école

Bonne ou mauvaise?

Voici quatre introductions. Décidez si elles sont bonnes ou mauvaises, en utilisant comme critères de jugement les questions suivantes et en y répondant:

a Quel est le sujet?
b Quels sont les points que l'auteur développe?
c Vous avez envie de lire la suite?

B Pourquoi toujours vouloir 'jeter la pierre' et trouver un responsable, un bouc émissaire quand un jeune se drogue ou vole dans un magasin? Pourquoi désigner du doigt un coupable plutôt que d'aider la personne à changer. Quelles sont les solutions plus efficaces pour permettre aux exclus de retrouver un cadre de vie accueillant?

A Anne avait huit ans, elle était partie acheter des bonbons chez le marchand 'du coin', sa mère ne l'a plus revue... Pourquoi une telle cruauté dont les exemples ne fait qu'augmenter d'année en année? Y a-t-il une justification, ou une raison à cette violence?

C On accuse trop souvent l'école d'influencer les jeunes et de les conditionner à un certain comportement.

D Je pense qu'on ne devrait pas faire de politique à l'école. Je crois que c'est une mauvaise influence.

L'introduction doit 'accrocher l'œil' du lecteur qui doit avoir envie d'en connaître davantage après l'avoir lue. Certaines 'marchent mieux' que d'autres. La preuve: vous avez vos préférences!
C'est important que:

1 L'introduction **annonce** le sujet.
2 Elle **pose un problème** que vous vous efforcerez de résoudre.

 *Flash sur...*introduire un sujet

Il y a quelques jours ...
Le récent événement à/dans le ... où ... a attiré notre attention une fois de plus sur le problème de ...

Depuis un certain temps ...

A l'heure actuelle on voit un accroissement accéléré de ...
On parle beaucoup en ce moment de ...
Le problème de ... est à nouveau posé.
La question se pose: ...
On peut se poser la question: ...

Lisez les paragraphes suivants qui 'posent le problème' sur des sujets différents. Vous verrez comment les journalistes introduisent un sujet.

1 Décidez pour chaque paragraphe quel est le sujet qu'aborde le journaliste.
2 Attribuez un des titres à la page 41 à chacun de ces paragraphes.

A

Privilèges des voyageurs aériens et maritimes qui franchissent au moins une frontière, les achats effectués dans les magasins hors taxes constituent-ils toujours de bonnes affaires ?

B

Cadre supérieur en electronique, André Gauer ne parvient pas, ne parvient plus à trouver d'emploi. Son problème: survivre, échapper à la clochardisation jusqu'au moment où il percevra ... sa retraite!

Chaque été, pendant vingt-deux ans, André Gauer passait ses vacances au bord de la mer, a Penhors, en Cornouaille. Il s'y installait en famille, dans une caravane. Maintenant, il y vit toute l'année, mais seul, sans maison et sans travail. Parce que, à 57 ans, il n'est pas près de retrouver un emploi. Après avoir dirigé une usine! Une chute à vous dégoûter de la promotion sociale.

C

C'est un soir de printemps ; il fait nuit. Une DS, quittant Evreux, roule vers Paris. A l'avant : un couple. Derrière, leur enfant de 10 ans dort allongé sur la banquette. Lancée à grande vitesse, une voiture rattrape la DS, la heurte en la doublant, la projetant contre un arbre. L'enfant meurt d'une fracture du crâne. Le chauffard s'est enfui. Quelques jours plus tard, c'est l'enterrement : le père sur un fauteuil roulant, la mère allongée sur une civière, minerve au cou, suivent tant bien que mal un petit cercueil. Un assassin d'enfant coule, depuis des jours sans doute paisibles. Fait divers isolé ? Non, un exemple entre cent, entre mille...

D

Au début, certains ont cru à un gag. Il s'agissait de la circulaire signée, en 1983, par le directeur des hôpitaux, au ministère des Affaires sociales. « Remplacez l'eau minérale par l'eau du robinet », recommandait-il aux intendants. On ironisa alors sur la lésine de ce haut fonctionnaire qui règne sur plus de 1 000 établissements et gère un budget de 160 milliards de Francs. Aujourd'hui, nul ne rit plus. Car la crise frappe les hôpitaux. Avec dix ans de retard sur les autres secteurs de l'économie.

E

Métro-boulot-fourneau. Une femme active avec un enfant travaille 70 heures par semaine contre 59 pour un homme. Les superfemmes sont fatiguées.

Mères, épouses, femmes actives ... elles remplissent tous les rôles et sont sur tous les fronts. A les voir ainsi courir le matin de l'école des enfants à leur entreprise, à les voir jongler entre les courses, les inscriptions au judo et les rendez-vous chez le pédiatre, sociologues et médecins se demandent: comment font-elles? Elles aussi commencent à se poser la question.

F

Dix-sept mille hommes, 3 000 engins terrestres, 54 avions et hélicoptères, 87 patrouilles de surveillance, 124 guets armés et 82 vigies, huit itinéraires aériens distincts de reconnaissance à vue: les soldats du feu - pompiers professionnels ou volontaires, forestiers sapeurs, militaires d'active ou appelés - sont en principe parés pour mener cet été la traditionnelle «guerre au feu».

Un bon coup de chômage, en attendant la retraite...

57 ans : « Trop vieux pour travailler », disent-ils

CE QUI VA BRULER CET ETE

Cigarettes, whisky...

France : l'inconduite au volant

Carrière, famille, séduction
Mais comment font-elles?

MÉDECINE

La grande misère des hôpitaux

 Quelle est la technique choisie?

Deux par deux, décidez si chaque introduction introduit le sujet par:
  i une question?
 ii une énumération?
iii un fait raconté où on oppose 'avant/maintenant'?
 iv un exemple et une question?
  v un fait divers?

Chacun à son goût. Laquelle préférez-vous? Pourquoi?

A vos stylos!

En vous appuyant sur les faits fournis dans les articles donnés, rédigez les paragraphes d'introduction sur les sujets suivants:

1 Protégeons la nature! Obligez les responsables des usines à contrôler tout produit nocif déversé dans l'eau!
2 Les sports d'escalade sont très dangereux — on devrait les interdire.
3 Le 'verre de trop' constitue une menace sociale considérable.

Il tue sa femme et se suicide

Samedi matin à Saint-Apollinaire (Côte-d'Or), Michel Ghidinelli, quarante-deux ans, magasinier, a tiré sur son épouse Yolande, trente-cinq ans, avec un fusil de chasse de calibre 16. La mort de la jeune femme a été instantanée. Ghidinelli s'est aussitôt tiré un coup de feu dans la tête, s'écroulant mort. La scène s'est passée sous les yeux de leur fils de quinze ans. Depuis un certain temps, l'homme, déjà connu pour sa violence, buvait beaucoup et son épouse songeait à une séparation.

Un spéléologue britannique disparaît dans le Vercors

Un jeune Britannique est recherché depuis samedi dans le gouffre Berger, dans le massif du Vercors, où il a disparu alors qu'il était parti en expédition avec une vingtaine d'autres spéléologues, apprend-on dimanche auprès des gendarmes de Sassenage (Isère).

UN UNIVERS DEPEUPLE

150 000 anguilles foudroyées, une population de larves, d'insectes et de petits crustacés détruite à 80%, 500 000 poissons flottant le ventre en l'air, des oiseaux d'eau qui désertent les rives du Rhin pour ne pas mourir de faim... La faune rhénane paye un lourd tribut à Sandoz et à ses 1200 tonnes d'herbicides, pesticides et fongicides déversées dans le fleuve. « Les efforts de production piscicole entrepris ces dernières années ont été réduits à néant et ce, jusqu'à la Hollande » estime un fonctionnaire du ministère de l'Environnement. Pour revenir à la situation antérieure à l'accident de Bâle, un programme de repeuplement du fleuve étalé sur 5 ans vient d'être mis en place. Coût de l'opération : 2,9 millions de francs, versés par le groupe Sandoz. Verra-t-on un jour prochain frayer dans le Rhin les saumons qu'on nous promettait pour cette année ?

6 Exposer

**définir et énumérer les objectifs d'un organisme
exposer des idées
enchaîner vos arguments
rédiger un texte — problèmes/causes/solutions**

Exposer signifie expliquer un sujet ou vos opinions sur ce sujet. Pour bien exposer, il faudra réfléchir aux aspects différents du sujet proposé et les présenter d'une manière claire et logique.

6.1

DASTUM a un objectif principal

Nous allons écouter l'employée de chez *Dastum* qui nous expose les objectifs de cet organisme. *Dastum*, c'est un mot breton qui signifie recueillir.

Lisez l'extrait de son dépliant publicitaire reproduit ci-dessous. Faites une liste des objectifs de *Dastum*.

Les objectifs de **DASTUM** sont de participer à la collecte, la conservation, à la diffusion et à la promotion de la culture populaire bretonne.

Dastum participe à l'affirmation du droit à la différence et à la reconnaissance de sa propre culture, dans un contexte où un centralisme exacerbe a donné des connotations péjoratives aux notions de culture populaire, culture traditionnelle, provinciale...

Collecte et réhabilitation de la culture populaire.
Le mouvement de collecte, s'intéressant principalement au chant, à la musique et à la danse, a pris un essor considérable au début des années soixante-dix. C'était un peu l'époque des musiques traditionnelles, le phénomène Stivell ... Cette époque a favorisé la réhabilitation et la revalorisation d'une culture, auprès de ceux-là même qui la vivent.
Dans ce contexte, **Dastum** a voulu constituer une source de références sonores traditionnelles et développer une conception de la collecte allant au delà de l'acquisition d'un répertoire, pour s'intéresser à l'ensemble de la culture populaire bretonne ...
Au delà du travail de collecte et de documentation, se sont ajoutées des activités de diffusion, de recherche, de formation, qui se sont prolongées dans des initiatives s'intégrant à la vie populaire et communautaire locale.

Ecoutez maintenant ce que dit l'employée du bureau de *Dastum* à Rennes. Prenez des notes. Y aurait-il d'autres aspects du travail de *Dastum* qui ne sont pas mentionnés dans le dépliant? Rajoutez-les à votre liste.

Regardons ça de plus près

Réécoutez le passage en suivant la transcription suivante. Faites tout particulièrement attention à la manière dont l'employée expose son sujet:

6.1 ▶ ▶ ▶ ▶

définir et énumérer les objectifs
illustrer
définir

deuxième objectif
cause
effet

troisième objectif

L'employée: Alors, DASTUM donc a, comme je l'ai dit, a **un objectif principal, c'est de** collecter et de conserver donc tous les témoignages de la vie quotidienne et de la culture bretonne. Euh, alors **d'une part**, euhm, sous forme d'enregistrements sonores, euh, de témoignages iconographiques, **c'est-à-dire** collecte de cartes postales anciennes, de documents de famille, de photos contemporaines également, euh, collecte de tout manuscrit ou document écrit concernant la culture populaire. Euh, **bien sûr**, euh, **une fois cette collecte faite**, euh, pour nous il est indispensable, euh, que **ça ne reste pas à dormir dans les tiroirs** et que, qu'on puisse en faire profiter un maximum de personnes, **d'où** ... la mise en place et l'ouverture de plusieurs centres de consultation. Il y a un centre à Loudéac en ... dans le centre de la Bretagne, un autre centre à Rennes, une autre antenne à Saint-Yves-Bubry à côté de Lorient où ces documents sont consultables sur place, euh, on peut en obtenir des reproductions **également** sous certaines conditions.

I. Le G.: Oui.

L'e.: Troisième but et troisième domaine ... **secteur d'activité de l'association, c'est** l'édition, **alors** édition de livres, de cassettes, de disques pour également diffuser et promouvoir au maximum le, le patrimoine culturel en Bretagne.

A vous d'exposer un sujet

Vous travaillerez par groupes. Chaque groupe étudiera **une** des fiches publicitaires suivantes publiées par quatre organismes différents. Préparez un exposé (trois minutes) sur les buts principaux de chaque organisme. A chaque groupe de choisir un porte-parole qui expose son organisme à la classe. Vous devez choisir l'exposé le mieux présenté!

A

ALLOSTOP

C'EST QUOI?

Le Covoiturage **ALLOSTOP**, c'est simple : nous mettons en rapport des automobilistes effectuant un voyage et disposant de places libres dans leurs véhicules et des passagers effectuant le même voyage.

COMBIEN ÇA COUTE?

* L'inscription :

- l'abonnement annuel coute 120 F. Il vous permet sans rien payer de plus de demander ou proposer autant de voyages que vous le souhaitez pendant un an dans les 22 bureaux **ALLOSTOP** de **FRANCE** et du **QUEBEC**

- en achetant en plus le timbre **EUROSTOP** International 30 F (150 F en tout), vous pourrez de la même manière demander ou proposer des voyages dans 9 pays et 72 villes.

- enfin, (si vous êtes passager uniquement) vous avez la possibilité de vous inscrire pour 1 seul voyage : 60 F pour un voyage de plus de 300 km ou 30 F en dessous de 300 km.

LA PARTICIPATION AUX FRAIS

Il existe un maximum kilométrique par passager fixé par **ALLOSTOP** (16 centimes au 1 02 87). Faites le partage des frais de route (essence + autoroute) entre le nombre de personnes dans le véhicule :

* Si le partage fait moins que le maximum kilométrique, appliquez le résultat de ce partage;

* Si le partage fait plus, appliquez le maximum kilométrique.

B

cannes-information-jeunesse

5 QUAI ST. PIERRE TEL 93 68 50 50

informer orienter

 l'organisation de l'enseignement

- Où s'inscrire en faculté...
- Quelles sont les possibilités offertes aux personnes qui n'ont pas le bac...
- Quels sont les débouchés des divers diplômes...

la formation professionnelle

- Comment devient-on infirmier, dessinateur industriel, vétérinaire, mécanicien moto, architecte...

la formation continue

- Où suivre des cours d'anglais commercial ou technique...
- Comment préparer un D.U.T. lorsqu'on est déjà engagé dans la vie active, trouver des cours d'orthographe...

emplois et débouchés

- Temporaires
- Jobs vacance
- Emplois à l'année
- Que faire avec ou sans le BAC.

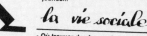 **loisirs - sports**

- Où pratiquer l'équitation, la gymnastique, le tennis, la natation...
- Où pratiquer la poterie, la gravure, la danse moderne...
- Où trouver une M.J.C., un foyer, un club de jeunes...

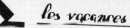 **la vie sociale**

- Où trouver des foyers de jeunes travailleurs...
- Quel est le statut de la jeune fille au pair en France...
- Quelles sont les associations pour handicapés...

les vacances

- Comment passer des vacances sportives, culturelles ou artistiques...
- Où trouver des vols spéciaux, des voyages organisés...
- Comment obtenir une bourse de vacances...

 **LE CIJ RÉPOND**
à vos questions, au téléphone pour des informations brèves, une adresse, etc...

CONTACTE
les Employeurs, les Associations, les Lycées et les Collèges, etc...

ORIENTE
vos recherches par courrier pour des informations complètes...

PROPOSE
des emplois, des stages de formation ou de perfectionnement, des travaux saisonniers agricoles, etc...

 REÇOIT
à l'accueil pour être écouté, informé ou avoir un entretien personnalisé si nécessaire.

C

D

DELTA LA FORCE DE L'EXPÉRIENCE

DELTA LANGUAGE SERVICE, c'est avant tout une équipe d'enseignants qui ont acquis, au fil des ans, une large expérience de l'organisation de séjours linguistiques en Grande Bretagne. Ces dernières années, de nombreux parents nous ont confié leurs enfants pour qu'ils vivent l'apprentissage de l'anglais de la meilleure façon possible.

La qualité de ces séjours est garantie par la préparation attentive de chaque détail de nos programmes: l'information avant le départ, l'assistance aux gares et aéroports et les transferts accompagnés, l'expérience des professeurs natifs, la variété des activités, la sélection rigoureuse des familles d'accueil, tant par nos responsables de loisirs et le suivi permanent de chaque étudiant, tant par nos responsables et animateurs sur place que par nos bureaux en France.

Notre objectif: Qu'un séjour linguistique en Grande Bretagne avec DELTA se convertisse en une expérience humaine inoubliable.

NOS GARANTIES:

* DES FAMILLES DE TOUTE CONFIANCE

Notre organisation attache une importance particulière au choix des familles d'accueil. La plupart d'entre elles sont habituées à recevoir des étudiants étrangers en été et les considèrent comme un membre de plus de leur foyer.

* DES ACCOMPAGNATEURS FRANÇAIS

Pour beaucoup de jeunes, ce séjour est leur premier voyage à l'étranger sans leurs parents; c'est une des raisons pour lesquelles la présence d'un accompagnateur bilingue représente une aide indispensable. Ces accompagnateurs, présents dès le départ du groupe, le suivent durant tout le séjour. Ils informent les participants des activités organisées, les accompagnent lors des excursions, recueillent leurs suggestions et résolvent tout problème qui pourrait se poser à l'étudiant pendant son séjour.

* DES PROFESSIONNELS DE L'ENSEIGNEMENT

Nos cours d'anglais sont donnés par des professeurs natifs qualifiés, sélectionnés pour leur capacité à enseigner leur langue aux étrangers. Les cours sont pensés pour que l'étudiant apprenne et perfectionne son anglais de la façon la plus rapide et la plus intense possible. Le maximum d'étudiants par groupe est de 12.

* DES ACTIVITÉS VARIÉES

Tous les jours, plusieurs activités sont proposées aux participants; agréables et stimulantes, elles se déroulent en commun avec des étudiants d'autres nationalités. Compétitions sportives (tennis, football, badminton, natation, basket, ping-pong,...etc.) barbecues, films, pizza-parties, excursions, fêtes "disco" et bien d'autres surprises.

N.B.: les activités de soirée programmées pour les cours "junior" se terminent entre 22 h. et 22 h. 30.

Flash sur ... **exposer vos idées**

En exposant vos idées sur un sujet spécifique à l'oral, vous devrez aussi enchaîner vos arguments pour retenir l'attention de l'auditeur:

La question que je voudrais traiter maintenant, c'est celle de ... et plus spécifiquement celle de ...

Signalons tout d'abord que ...

Il est prouvé que ...
Que ... les statistiques le prouvent.

D'une part ... d'autre part ...

Puis

| On doit dire
Notons | en plus
également
aussi
d'ailleurs | que |

Cela dit, ...
... il faut admettre pourtant que ...
... n'empêche pas cependant que ...

Pour finir, il est évident que ...

| Enfin,
Finalement, | moi personnellement je pense que ... |

A vous d'exposer vos idées

Que pensez-vous ...

1 du régionalisme (ou de la collecte et de la diffusion de la culture populaire, comme l'a fait l'organisme *Dastum*)?
2 des dangers de faire de l'auto-stop?
3 des séjours linguistiques?
4 du taux de chômage chez les jeunes?
5 de l'érosion du sol provoquée par les mountainbikes en Californie?

Choisissez **un** des sujets proposés. Préparez un exposé
Présentez-le à la classe. Discutez des idées soulevées.

Rédigez un paragraphe dans lequel vous exposez toutes les idées soulevées au cours de la discussion.

Le tunnel sous la Manche

Il est vrai que le tunnel peut faciliter les échanges entre nos deux pays ... mais quelles en sont les conséquences pour les ports qui ont reçu jusqu'à maintenant la plupart du trafic trans-Manche? Prenons par exemple Boulogne. Lisez l'article qui suit. Recopiez la fiche-rapport en la remplissant avec les informations nécessaires. Cela vous aidera à ranger les idées contenues dans le texte.

aborder le probléme

solution

énumération de la solution
conclusion

explication du problème
énumération

deuxième exemple

PORTS
Boulogne prépare l'après-tunnel

De par son excellente situation géographique, le port de Boulogne réunit de nombreuses activités. Alors qu'on parle beaucoup de tunnel ferroviaire sous la Manche, il se lance dans de grands travaux pour rester compétitif.

Deux requêtes

Le trafic trans-Manche représente aujourd'hui 52 % des recettes du port et reste donc le témoin de son équilibre. Cette année, pour combler le déficit du trafic, il a fallu mettre une quarantaine de personnes en retraite ou préretraite. De plus, la mise en service du tunnel sous la Manche risque fort d'aggraver la situation en détournant le trafic trans-Manche de Boulogne. Il faudra donc trouver des activités de remplacement : on se propose donc de construire un grand port de plaisance.

D'autre part, une plate-forme de transbordement rail-route est également à l'étude. Elle devrait coûter 72 millions de francs et sera financée à 80 % par l'État et la région. La construction de halles réfrigérées et d'un centre d'ionisation qui permettra d'accroître le temps de fraîcheur du poisson sont actuellement à l'étude.

Pour conquérir une part du marché de la farine, on va acheter un portique qui chargera trois cents tonnes à l'heure, l'investissement est de 15 millions de francs. Une grue de vingt-cinq mètres de portée devrait aussi bientôt venir enrichir les équipements portuaires.

Enfin, la chambre de commerce demande aux pouvoirs publics d'examiner dans les plus brefs délais deux requêtes : d'une part, l'électrification de la ligne ferroviaire Amiens-Boulogne-Tunnel, d'autre part, la création de voies rapides autoroutières, de Boulogne vers Abbeville, Amiens et Paris.   **E. S.**

Boulogne

Situation géographique

....

Problème

....

Solutions éventuelles

....

....

....

....

....

L'exposé: problèmes/causes/solutions

Regardons de plus près la structure de l'article sur la
ville de Boulogne. Relisez l'article en faisant tout
particulièrement attention aux titres marginaux (aborder
le problème, etc.) et aux expressions soulignées.

Ce procédé de:

1 évoquer des problèmes
2 en suggérer les **causes** en donnant des explications ou
des illustrations
3 proposer des **solutions** est souvent utilisé par des
journalistes. On 'accroche' le lecteur par les problèmes
soulevés, on les lui explique et finalement on lui
donne une certaine satisfaction en proposant quelques
solutions. Après le mal, le remède.

A vos stylos!

Reprenez **un** des sujets abordés au cours de l'unité 5
(aux pages 36–42). Il faudra choisir un sujet qui se laisse
traiter en suivant le procédé: problèmes, causes,
solutions. Rédigez un texte journalistique dessus dans
lequel vous offrez vous-même des solutions.

Le port de Boulogne en 1990.

Compte rendu

ordonner son expérience
articuler (et puis ... bon ben ... voilà donc)

7.1

Le problème s'est posé: que faire?

Martine appartient à cette nouvelle catégorie de 'jeunes entrepreneurs' qui montent leur propre entreprise pour essayer de lutter contre le chômage auquel ils se trouvent trop souvent confrontés. Elle nous rend compte de la démarche qu'elle a faite pour créer son emploi.

Ecoutez le passage. Vous allez devoir rendre compte à votre voisin de l'itinéraire qu'a suivi Martine depuis le début de son école jusqu'à maintenant. Pour cela, vous devez prendre des notes au fur et à mesure que Martine parle. Remplissez le tableau ci-dessous pour vous aider:

La première année	La deuxième année	Maintenant

Par deux, faites une liste des étudiants qui fréquentent l'école, un(e) de vous identifie l'identité des étudiants, l'autre les raisons de leur présence et vous mettez vos notes en commun.

Qui sont ils?	Pourquoi viennent-ils?

Regardons ça de plus près

Réécoutez le passage pour identifier comment Martine rend compte de son expérience:

I. Le G.: Martine, bonjour.

Martine: Bonjour, Isabelle.

I. Le G: Tu ... tu as ... tu viens de ... tu as monté une école 'y a pas longtemps, hein?...

M.: Oui.

I. Le G: Comment ça s'est passé, raconte-nous un peu pourquoi tu as fait ça?...

situation de départ

M.: Alors, c'est un peu compliqué ... mais, bon, je vais essayer de faire ça assez vite ... Euh... **Etant donné qu'il y avait** une formation de Français Langue Etrangère à l'université,... euh... je l'ai faite ...

I. Le G: Uhum.

premier problème à résoudre

solution

M.: Et puis en sortant de cette formation-là, **le problème s'est posé: que faire?** Parce qu'y a pas beaucoup d'écoles qui permettent aux étrangers d'apprendre le français. **Donc, il y avait deux solutions: soit** travailler à l'université mais comme vacataire dans un statut qui n'est pas très agréable, **ou bien** créer son propre organisme. Et j'ai trouvé quelqu'un avec qui on a essayé de monter cet organisme .. sous la ... sous forme d'association ...

I. Le G: Oui ...

M.: ... loi 1901, je crois que c'est spécial en France. Donc, c'est aussi ce qu'il y a de plus simple juridiquement ... pour monter une entreprise et ça ne demande aucun capital ... c'est intéressant aussi ...

I. Le G: Oui ...

première action prise

deuxième action

M.: **Et puis donc on a commencé à** mettre les statuts en place, euh, la première année qui a été assez difficile ... il fallait se faire connaître, il fallait faire de la publicité, il fallait monter les premiers groupes de travail ... **Et puis la deuxième année** on a eu un soutien assez important de l'université qui nous reconnaissait et qui nous envoyait pas mal de monde, surtout tous les ... toutes les personnes qui ne pouvaient pas être étudiantes ...

I. Le G: Uhum ...

M.: ...Toutes celles qui travaillaient, les femmes des, des femmes de, d'étrangers qui habitent à Rennes, qui n'ont pas beaucoup de temps à consacrer au français ou bien alors qui, on avait des, des cadres, des cadres de chez Canon...

I. Le G: Oui, des hommes d'affaires...

M.: Des hommes d'affaires qui venaient euh..., qui voulaient se perfectionner parce qu'ils viennent vivre trois, quatre ans en France.

I. Le G: Uhum.

M.: On avait des, des étudiants de Baulieu, c'est-à-dire de l'université scientifique...

I. Le G: Oui.

M.: ...qui sont spécialisés déjà dans un autre domaine...

I. Le G: Oui.

résultat

> **M.:** ...mais qui veulent ... quand même apprendre suffisamment le français pour profiter de leur vie à Rennes pendant un an ou deux. **Voilà donc** pendant ..., la deuxième année on a eu pas mal de monde de ce genre-là et maintenant je crois que c'est la troisième année, ça commence à fonctionner un peu mieux.

En réécoutant le passage **7.1**, remplissez à deux les blancs par tous les mots de liaison qu'utilise Martine pour organiser son compte rendu et qui se trouvent dans la liste ci-dessous à gauche. Puis vérifiez ensuite sur la transcription si vous les avez restitués correctement.

Donc,
Etant donné
Et puis
Et maintenant
Et
Mais, bon,
Voilà donc
ou bien
soit

C'est un peu compliqué **1** ...je vais essayer de faire ça assez vite. **2** ...qu'il y avait une formation de français langue étrangère à l'université, euh, je l'ai faite. **3** ... en sortant de cette formation-là, le problème s'est posé: que faire? **4** ...il y avait deux solutions:**5** ...travailler à l'université mais comme vacataire, **6** ...créer son propre organisme. **7** ...j'ai trouvé quelqu'un avec qui on a essayé de monter cet organisme.**8** ...la deuxième année on a eu pas mal de monde. **9** ...je crois que c'est la troisième année, ça commence à fonctionner un peu mieux.

 Flash sur... **rendre compte d'une expérience**

Pas facile, mais je vais quand même essayer d'expliquer
C'est un peu compliqué ... mais bon ...
Etant donné que ...
Premièrement ... deuxièmement ...
Et maintenant ...
Et puis, ...
Ensuite
... et puis donc
... donc ...
D'autre part, ...
Encore ...
En plus ...
'Y a non seulement ... 'y a aussi ...
Le problème s'est posé: que faire?
Enfin ...
Voilà donc ...
Et maintenant, je crois que ...

A vous de rendre compte

Le dessinateur Sempé a travaillé toute la semaine sur des dessins devant illustrer un article 'Le destin du P.D.G.' mais au moment de le présenter à son éditeur, il les retrouve en désordre. Pouvez-vous l'aider?

Deux par deux:

1 reconstituez la chronologie des faits en mettant les dessins en ordre du premier au dernier

2 imaginez que vous êtes le P.D.G. qui se rend de nouveau chez le psychiatre après avoir suivi ses conseils la première fois. Faites le compte rendu de ce qui s'est passé.

Vous utiliserez des termes utilisés par Martine (à la page 52).

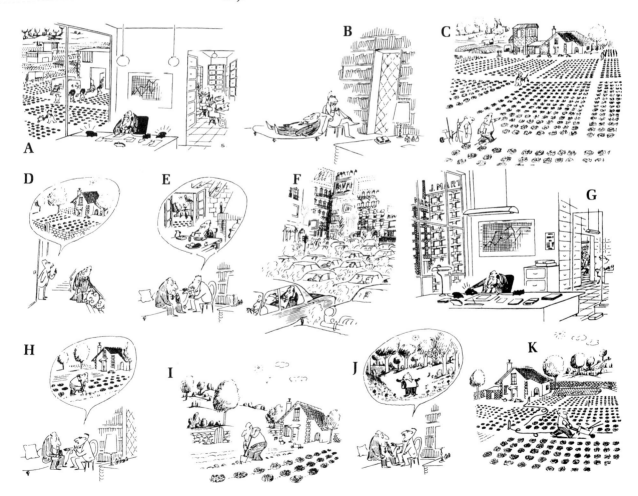

Voici un texte qui nous parle d'un jeune homme qui a établi sa propre entreprise.

Son rayon, c'est la pub!

Les hommes-sandwiches ont vécu! C'est en tout cas ce qu'affirme Andy Wattel, 23 ans, jeune Roubaisien, fraîchement diplômé d'une école supérieure de commerce.

La publicité, c'est son « rayon », et la bicyclette son outil de travail... Pour monter son affaire, il a investi dans cinq « mountain-bike », des vélos tout terrain à 18 vitesses sur lesquels il a adapté des panneaux publicitaires. Les étudiants qu'il a engagés pédalent à raison de 4 heures par jour, tout de rouge vêtus, dans la métropole lilloise. Andy ne s'est pas lancé à la légère dans cette entreprise, dont l'idée lui est venue l'été dernier en sillonnant la France à bicyclette, bien sûr. D'après son enquête personnelle, 30 000 personnes auraient le regard capté par cette pub ambulante en l'espace d'une journée, soit quatre fois plus qu'une publicité classique sur les murs. ∎

A l'heure du fast-food, il paraît logique que les hommes-sandwiches se recyclent à leur tour à vélo!

GENEVIÈVE NORMAND ROUSSEL

A vos stylos!

Remplissez le tableau de notes de gauche avant de présenter l'itinéraire parcouru par ce jeune.

Rédigez un compte rendu sur la situation de la création d'emploi en France.

Qui?	
Qu'a-t-il entrepris?	
Avec quels moyens?	
Quels sont les résultats?	

Aborder un problème	En 1985, 105 000 entreprises ont été créées ... En France, on recommence à ...
Pourquoi?	
Explications	Tout d'abord les entrepreneurs sont ...
Enumérations	Prenons l'exemple de ... Ensuite ils veulent ... Et aussi ...
Commentaires	Créer son entreprise permet de ...
Objectifs personnels	• lutter contre le chômage • donner un statut social Créer son entreprise, c'est aussi ... • reprendre confiance en soi • acquérir une nouvelle indépendance • avoir un sentiment d'autosatisfaction

Donner des exemples

illustrer
mettre en relief

8.1

Il faut faire un effort

Catherine est professeur de français langue étrangère à Rennes en Bretagne. La chose la plus importante — et la plus difficile — pour un étranger, c'est de s'intégrer le mieux possible dans la vie quotidienne des Français.

Catherine nous donne cinq conseils que nous résumons ci-dessous — dans le désordre. Ecrivez les numéros **1** à **5** sur une feuille de papier. Ecoutez le passage et contre chaque numéro ecrivez la lettre **a**, **b**, **c**, etc., correspondant au conseil donné afin de les mettre dans l'ordre.

a oublier qu'on est étranger pour aller vers l'autre.
b essayer de se mettre en contact avec des Français.
c sortir de son groupe d'étrangers.
d suivre des cours de français.
e contacter les maisons de la jeunesse pour faire du sport en commun avec des Français.

Et vous? Vous êtes déjà allé(e) en France? Vous vous êtes bien intégré(e) aux Français? Discutez avec votre partenaire d'éventuels séjours que vous avez faits en France. Posez-lui des questions pour savoir s'il/elle a suivi les conseils de Catherine.
Exemple: Tu es sorti(e) de ton groupe d'Anglais?

Regardons ça de plus près

Lisez la transcription du passage **8.1**, en remplissant les blancs avec **de** (**d'**) ou **à**. Réécoutez le passage pour vérifier vos réponses.
Faites une liste des verbes et des expressions du passage qui sont suivis de:

1 de
2 à

I. Le G.: Catherine, tu connais bien les étrangers puisque tu les côtoies tous les jours, est-ce que tu penses que c'est difficile **1**_____ être étranger en France?

Catherine: Je pense que c' qui est difficile, c'est peut-être **2**_____ sortir de son groupe d'étrangers, tenter **3**_____ se ... **4**_____ trouver des activités pour avoir des contacts avec des Français et ça, c'est difficile parce que ... on a tendance, quand on est en compagnie d'autres étrangers, **5**_____ rester avec eux. Alors, c'est déjà une bonne chose **6**_____ prendre des cours de français parce qu'on est avec d'autres étudiants qui parlent des langues différentes, donc on est amené **7**_____ communiquer dans la langue commune qui est la langue française et, euh, donc, rencontrer des gens qui font autre chose, donner envie également **8**_____ essayer **9**_____ faire autre chose mais le plus difficile, je crois, c'est **10**_____... **11**_____ commencer **12**_____ essayer de vivre comme les Français, c'est-à-dire **13**_____ euh **14**_____ contacter des... des maisons de la jeunesse pour faire des activités, pour faire du sport en commun avec des Français et là, vraiment, c'est ce qu'il y a de plus difficile, à mon avis.

I. Le G.: Plutôt un problème d'intégration, alors.

C.: D'intégration, c'est ça.

I. Le G.: Oui, et par rapport aux personnes — est-ce que tu penses qu'il y a... c'est difficile, aussi **15**_____ ... **16**_____ se faire accepter par les Français?

C.: En Bretagne, je crois que c'est un petit peu difficile, oui, effectivement, parce que les Bretons, surtout les gens de la région par ici sont ... sont assez froids mais une fois qu'on a de bons contacts avec eux, je crois que c'est quelque chose de durable. Mais il faut faire un effort, il faut oublier qu'on est étranger pour aller vers l'autre, et là, je crois que c'est... c'est ce qui est indispensable pour... pour commencer **17**_____ s'intégrer. Hein. Parce que si on, ...on reste toujours dans son... dans sa mentalité d'étranger, hein, d'étranger à tout, on a du mal **18**_____ être accepté par l'autre qui n'accepte pas toujours l'étrangeté.

Pour Catherine, qu'est-ce qu'il y a qui est difficile? Indispensable?

 Flash sur...la mise en relief

Remarquez que quand on parle, pour mettre en relief le sujet dont on parle, on utilise des phrases qui commencent avec **ce qui** ou **ce que**:

Ce qui (c' qui) est difficile, c'est que ...

... c'est ce qui est indispensable.

Ce qui est essentiel/important ...

Ce qu'il faut remarquer, c'est que ...

A vous de mettre votre sujet en relief

Parlez avec votre partenaire d'un sport ou d'une activité que vous connaissez bien en soulignant les qualités ou les comportements indispensables pour réussir une telle activité.

Si vous manquez d'inspiration, nous faisons quelques suggestions ci-dessous auxquelles vous devez assortir des qualités appropriées.

Vous direz:
Quand vous faites de l'escalade/allez à la chasse aux crocodiles/arrivez à la caisse du supermarché, etc. ... ce qui est difficile/indispensable/essentiel/important, c'est de/que .../il faut ... Voilà ce qui est difficile/indispensable/essentiel/important.

Activité	Qualité ou comportement essentiel
planche à voile	avoir une méthode de travail
cuisiner	ne pas se couper les doigts
travailler avec des enfants	ne pas laisser savoir que vous avez peur
accueillir des étrangers (qui ne parlent pas votre langue)	avoir un sens de l'humour
ouvrir une boîte de sardines	avoir un sens de l'équilibre
monter à cheval	avoir de la patience

La fièvre acheteuse frappe de plus en plus tôt

Ce que les enfants font de l'argent de leurs parents? Ils le dépensent, bien sûr, mais qu'est-ce qui les poussent à acheter?

Lisez l'article à ce sujet et faites une liste des domaines d'influence des enfants.

Consommation

Ce que les enfants font de votre argent

Ils dépensent bon an mal an 8 milliards d'argent de poche. Les voilà, en outre, agents d'influence d'une puissance extraordinaire, dictant à leurs parents l'achat de la voiture, du magnétoscope ou de l'ordinateur.

« On est passé de la tirelire à la carte de crédit »

Dépenser : les 5,5 millions de juniors, encore appelés « ados » ou « kids », ne pensent qu'à ça, affirment les spécialistes. La fièvre acheteuse frappe de plus en plus tôt. Entre 8 et 14 ans. Parents, attention ! C'est maintenant, entre la rentrée et Noël, que la frénésie d'achats culmine. Une véritable boulimie. Car ces « anti-accumulateurs » (ainsi que l'Institut de démoscopie désigne ces paniers percés) ne se contentent pas de dépenser leur 8 milliards d'argent de poche. Ils trouvent aussi le moyen de peser sur 43 % des dépenses des familles. Soit sur 400 milliards de francs.

Véritables « agents d'influence », ils donnent leur avis sur tout : l'acquisition de la prochaine voiture, le choix du lieu de vacances, l'alimentation... Familiers des nouvelles technologies, ce sont eux qui font entrer l'ordinateur et le Minitel à la maison. Eux encore qui réforment le look des parents, qui font acheter une chaîne au laser, un magnétoscope, ou payer l'abonnement à Canal Plus. Dans la liste des achats sur lesquels ils ont le

plus d'influence, les jouets ne viennent qu'en quatrième position, derrière les vêtements et les vacances, et juste devant la hi-fi et la télévision. Bien sûr, ils ne signent pas les chèques. Mais on tient compte, et plus qu'on ne croit, de leur avis. Selon un sondage BVA, 74 % des parents avouent acheter l'article choisi par leurs enfants, et 21 % disent tenir compte de leur avis. La catégorie des « incorruptibles » ne rassemble que 3 % de parents. Bref, les juniors, comme disent les gens de marketing, sont des « prescripteurs ».

Il faut dire qu'en France un kid voit 6 000 à 7 000 spots par an. Chiffre impressionnant, mais trois fois inférieur à ce qu'un petit Américain consomme en images publicitaires dans le même temps. Afin d'éviter une exploitation trop grande de l'image des enfants sur les petits et les grands écrans, la loi qui régit les modalités de leurs prestations publicitaires a été modifiée. Depuis le 27 janvier dernier, les « sages » de la CNCL ont décidé qu'on ne pourra plus « montrer un enfant consommant seul un produit, ni portant un jugement sur ce produit à l'antenne, surtout s'il ne lui est pas destiné. » Jean Autin, président de la commission qui reçoit quarante à quatre-vingts scripts de publicité chaque semaine, accorde ou non son visa. Mais, déjà, les publicitaires contournent le texte. La cuillerée de purée ou de céréales est portée jusqu'aux lèvres, mais pas avalée, tandis qu'une voix off adulte dit tout le bien qu'il faut penser du produit en question. C'est que l'enjeu est de taille. A cet âge-là, les enfants se copient tous. Ils consomment en masse, ou pas du tout. De vrais clones.

Le diktat s'exerce en particulier sur le look. Il faut un blouson, mais un Chevignon. Des tennis, mais des Bensimon. Un jean, mais un 501. Des mocassins, mais

des Doc Martin. *« Comme ses petits camarades, Marianne est obsédée par l'apparence. Elle ne veut pas autre chose que des chaussettes Burlington, une montre Swatch, des créoles de chez Scooter, dit Annette, 45 ans. Bien sûr, mon mari et moi essayons de résister. Mais, en même temps, on n'a pas envie qu'elle se sente différente des autres. »*

Ces impératifs vestimentaires supposent des moyens. *« Ils n'ont absolument pas le sens de la valeur des choses, dit Elizabeth, 42 ans, mère de Louis, 12 ans, et d'Emilie, 16 ans. Ils réclament des chaussures Weston à 1 500 francs parce que c'est la mode, et que quelques copains en ont. »* Pour leur donner le sens des réalités, Elizabeth a réduit leur argent de poche. *« Depuis, ils rachètent leurs vêtements à d'autres, ils les troquent. Je préfère ça. » « A l'école, reconnaît Sophie, 15 ans, il y a ceux qui peuvent s'offrir la panoplie, et ceux qui ne peuvent pas. »*

S'ils militent pour le look, les juniors le font aussi pour des causes moins futiles, comme les droits de l'homme. L'association Band Aid de Bob Geldof compte 900 000 lycéens réunis au sein de 18 000 comités. *« En 1985, raconte Lionel Rotcage, responsable de Band Aid en France, ils ont collecté 2 000 tonnes de vivres, équivalent de 163 wagons de marchandises, en trois semaines. »* Il leur a bien fallu convaincre leurs parents : qui songerait à critiquer cette influence-là ?

Flash sur...donner des exemples

Considérons par exemple le cas de ...

L'exemple de ... | confirme ...
| ... ne fait qu'illustrer ...

Un autre exemple est fourni par ...
Si on prend l'exemple de ...
... tel est le cas de ...

A vos stylos!

Si vous écrivez sur un sujet, vous rendrez votre texte beaucoup plus intéressant en donnant des exemples à l'appui de votre thèse principale. Vous introduirez ces exemples en utilisant les phrases ci-dessus.

«*Toujours comblés et jamais satisfaits!*»

1 Les enfants d'aujourd'hui sont «toujours comblés et jamais satisfaits». En citant des cas mentionnés dans l'article que vous venez de lire, commentez cette phrase de la psychologue Françoise Dolto. Vous suivrez le schéma donné:

Introduction Les enfants d'aujourd'hui sont de vrais paniers percés: ...

Donner des exemples Considérons par exemple le cas de ...

Nuancer/opposer Bien que .../si ...(la mode/le look)..., il faut néanmoins ajouter que ... (des causes moins futiles) ...

Conclusion Pour ma part, je pense que .../je suis d'accord avec ...
Il me semble que ...

A mon avis, ...   Bref, ...

Français sans le pouvoir, beur sans le savoir

«On est français, on ne s'imagine pas ailleurs qu'en France"», Rodhoïne est sa sœur Leïla, accompagnée de son petit ami Yacine, font la grève de la faim devant la sous-préfecture d'Antony. Nés en France, à Vernon (Eure), de parents tunisiens, ils sont tous deux français. L'armée n'en doute pas qui vient de déclarer le frère incorporable au titre de la coopération. L'administration non plus qui a délivré à la sœur une carte d'identité bien française. Jusqu'au jour où la sous-préfecture d'Antony a refusé sa carte à Rodhoïne et retiré la sienne à Leïla. Racisme ordinaire? Bavure administrative? Non, aberration législative. Avant leur majorité, l'un et l'autre ont signé sans le savoir une répudiation de la nationalité française.

Extorquée par leurs parents qui, comme de nombreux immigrés, préféraient que leurs enfants ne deviennent pas français, cette signature les prive d'une citoyenneté qui, pour eux, ne fait aucun doute. Lorsque devant la préfecture un passant leur lance: «Rentrez chez vous», Rodhoïne ne pense pas à la Tunisie, il pense à Vernon, sa ville natale, dont il parle avec des trémolos, comme tous les provinciaux fraîchement expatriés. A Vernon, personne ne lui a jamais dit de rentrer chez lui. Premier de la classe jusqu'à son bac, entouré d'amis français depuis des générations, il n'était pas très intégré dans le milieu maghrébin de sa ZUP. Ni lui ni sa sœur ne parlent arabe, sinon quelques mots du dialecte de leurs parents, comme d'autres comprennent un peu de breton ou d'occitan. Rodhoïne dévore Sartre et Camus, et sa sœur raffole de Kafka. Mais aucun des deux n'a entendu parler de Tahar Ben Jelloun. «C'est comme une littérature étrangère pour nous», dit Leïla. Etudiants à la Sorbonne et à Orsay, ils aiment Cabrel, Dylan at Brel, et s'ils connaissent Kacel, Bahri ou Carte de séjour, c'est parce qu'ils font partie du panorama musical français. Ni l'un ni l'autre ne méconnaissent pour autant leurs origines. Depuis que leurs parents se sont installés en Tunisie grâce à l'aide au retour, Rodhoïne, pourtant plus jeune que sa sœur, a pris, vis-à-vis de sa sœur, des allures de *pater familias* arabe. D'un air gêné, il le reconnaît: «Quand on a vécu toute son enfance dans un milieu où l'homme est valorisé, c'est dur de changer du jour au lendemain.» Quant à Leïla, trop contente d'avoir échappé au retour et au mariage obligé avec le cousin, elle accepte cette tutelle que Yacine lui reproche.

Lui, s'il jeûne, c'est par solidarité, car sa carte, il l'a. Une solidarité complice, forgée par un séjour de deux ans à Biskra. «Vous savez bien, dit-il, la ville de Gide.» Biskra, c'était «l'enfer»...

Immigré dans son propre pays, il se sentait tellement exclu qu'il fit des pieds et des mains pour rentrer en France. «Dans l'avion du retour, j'ai pleuré tout le long et en arrivant j'ai embrassé le sol.»

Sont-ils beurs? Leïla avoue ne pas savoir ce que ça veut dire «exactement». On lui explique. Haussement d'épaules. Pas contrariante Leïla: «OK, je suis beur et lui c'est confiture!» La grève, ils l'ont arrêtée au bout de cinq jours et quatre nuits. Si les promesses du préfet sont tenues, ils les auront leurs cartes.

Murielle Szac-Jacquelin

Immigration

Bernard Stasi

L'immigration une chance pour la France
Robert Laffont, 1984, 188 pages, 65 F.

La crise et le chômage ont mis au premier plan le problème de l'immigration. Une opinion à courte vue s'imagine trop souvent que si le nombre des travailleurs étrangers diminuait cela résoudrait la question des emplois. Bernard Stasi dans une attitude courageuse qui tranche avec certaines positions démagogiques renverse résolument la perspective : et si l'émigration était une chance pour la France ? Sans ignorer les problèmes sociaux et culturels que pose dans certaines régions une population étrangère importante, il s'efforce de les aborder sans passion et sans préjugés et de leur proposer des solutions réalistes et humaines. Dans un monde d'échanges et de contact, il parie pour la France de l'ouverture.

«*Rentrez chez vous*»

2 Commentez ce cri malveillant en citant le cas de Rodhoïne et Leïla à titre d'exemple. (Voir l'article *Français sans le pouvoir, beur sans le savoir*). Développez vos idées en évaluant la relation entre l'immigration et le chômage. (Voir le compte rendu du livre *L'immigration: une chance pour la France*.)

Introduction   «Rentrez chez vous»: ce que les auteurs de tels cris ne comprennent pas, c'est que ...

Donner un exemple   Si on prend l'exemple de ...

Développez vos idées   Si certains essaient de nous convaincre que ... (immigrés/emplois) ..., il y en a d'autres qui ... (immigration — une chance pour la France)

Conclusion   Moi, personnellement, je pense que ...

Accord et désaccord

objecter
exprimer son point de vue

9.1

Moi, je ne dirais pas la même chose

D'UNE FOLIE A L'AUTRE

● **Skin-head**
Physique : crâne rasé, sauf quelques mèches. Musculature développée, tatouages. Garde-robe : tenue de combat, pantalons larges et courts à bretelles. Minijupes, mocassins « collège » ou « Doc Martens ». Idéologie : mouvement né par réaction aux hippies. Leur cri : « Le pouvoir par la guerre ». Les anciens sont nationalistes, chauvins, les nouveaux, fascistes, racistes.

● **Punk**
Physique : coiffures extravagantes aux couleurs vives, cheveux dressés à l'iroquoise. Multiples boucles d'oreilles, tatouages. Garde-robe : la même que l'individu moyen, mais caricaturée et provocante. Idéologie : le nihilisme, tout est à vomir. Leur cri : « No future ». Provocation, destruction pour accélérer la fin suicide.

● **New-wave**
Physique : cheveux noirs, crêpés, peau très blanche, bouche rouge, yeux charbonneux. Visage de Charlot sophistiqué. Recherche d'une sobriété chic. Garde-robe : stricte, floue, noire. Idéologie : regard désabusé sur la vie.

● **Sixties**
Physique : coiffure, maquillage et garde-robe des années soixante. Idéologie : nostalgie des « sixties » et des surboums et des copains.

● **Fifties**
Physique : coiffure, maquillage, vêtements des années cinquante. Idéologie : nostalgie des fifties », des rêves hollywoodiens.

En France, la mode est toujours très importante et les jeunes (et les moins jeunes) sont généralement bien conscients de leur 'look'. Pascal et Aniouchka ont essayé de nous expliquer ce que c'est que 'd'être branché'.

Ils ne sont pas d'accord. Ecoutez le passage et faites une liste des définitions qu'ils ont données au terme 'branché'.

Et vous, êtes-vous branché(e)? Lesquels de vos camarades considérez-vous être branché(e)? Discutez-en avec votre partenaire.

Regardons ça de plus près

Réécoutez le passage en lisant la transcription suivante.

I. Le G.: Alors, euh, Pascal et Aniouchka, euh, depuis qu'chsuis en France j'entends beaucoup l'expression 'on est branché'. Qu'est-ce que ça veut dire? Pourquoi on dit ça?

donner son avis
hésiter

Pascal: D'être branché **je crois que c'est** d'être à la ... d'être à la mode, d'être dans le coup, euh ... **c'est p't-être**, euh, je sais pas, je pense à un truc tout de suite mais c'est p't-être pas ça, c'est p't-être être au courant de, de tout ce qui se passe, donc, être au courant, être branché.

Aniouchka: Oui, euh ...

P.: P't-être quelque chose de cet ordre-là.

objecter

A.: Oui, **moi, j'suis pas tout à fait d'accord** ...

P.: Non?

donner son avis

A.: **Je crois que** être branché, euh, ça correspond un peu à, à un état d'esprit, euh ... de la jeunesse. De dire ça fait bien de dire 'je suis branché' ça veut dire 'je suis à la mode'. Ça correspond à une façon de s'habiller beaucoup, je crois ...

I. Le G.: Oui, oui ...

A.: ... à un type de musique qu'on écoute, euh ... essayer de marquer une opposition entre des générations, les jeunes branchés avec, euh ...

P.: ... les jeunes débranchés ...

I. Le G.: Les jeunes débranchés ... oui ... euh, par exemple, je sais pas, euh ... euh est-ce que ... un, un, un jeune branché, par exemple, a une apparence euh vestimentaire ou extérieure assez précise?

objecter

P.: **J'crois pas, moi, parce qu'en fait** peut-être qu'à l'origine, 'branché' ça correspondait à, à, à un style bien défini, euh pfff, maintenant je crois qu'on peut être branché dans différents styles.

I. Le G.: Oui?

préciser
donner son avis
nuancer

P.: **Pour être un peu plus clair c'est-à-dire que**, euh ... moi, j'serais assez d'accord avec Aniouchka quand elle dit être, être branché c'est, ça correspond à un état d'esprit **mais pas**, euh, dans un, dans un créneau d'idées précises ou de, ou de modes précises. C'est-à-dire que, je sais pas on peut être punk et branché punk ou on peut être euh ... minet et branché minet par exemple, je sais pas.

objecter

A.: Ouais ... **Moi, je n' dirais pas la même chose. Moi, je pense plutôt**, quand j'utilise, euh, le terme pour quelqu'un quand je dis 'il est branché' euh, j'ai quand même une certaine image dans la tête de, euh, un peu euh, branché punk euh une certaine, euh tenue vestimentaire et euh et j'pense à un certain type de, style de musique aussi et euh ... **j'parlerais pas de** minet branché.

objecter

I. Le G.: Mais alors, par exemple, on dit être branché mais j'ai aussi entendu être 'in', euh, être euh, être euh, suivre la mode, être dans le coup. Est-ce que tout ça, c'est la même chose?

donner son avis

A.: Aujourd'hui, la jeunesse qui est 'in', qui est dans le vent, qui est à la mode va utiliser le terme 'branché'. Moi, pour moi branché, ça correspond à une catégorie d'âge vraiment très marquée, c'est-à-dire que ce sont les seize, euh, vingt-cinq ans qui utilisent le terme 'je, il est branché, je suis branché' mais pas au-delà tandis que 'in' c'était, c'était la même génération mais il y a dix ans.

I. Le G.: Oui.

A vous d'exprimer votre accord ou désaccord!

Ce n'est qu'une question de 'look'

Un magazine pour les jeunes a réalisé un débat d'opinion sur «Des cheveux de toutes les couleurs». *Et la participation a été animée!*

Vous devez deux par deux classer les opinions qui ont été exprimées. Lisez-les et décidez:

a si la personne est d'accord ou pas
b ce que sont ses arguments
c ce que sont les expressions utilisées pour approuver ou désapprouver.

Le tableau ci-dessous vous aidera à organiser l'inventaire.

D'accord (expression)	Pas d'accord (expression)	Arguments

Enquête: *Etes-vous pour ou contre les cheveux de toutes les couleurs?*

Anne...«...Oui, je suis pour dans l'ensemble mais dans certains cas, comme au bureau, par exemple, je suis contre...»

Sylvie...«...C'est justement ce que je voulais dire et j'irais même plus loin: si on se conforme trop à des normes établies on deviendra vieux à 18 ans!...»

Robert...«...Non, mais quel conservatisme! Je désapprouve totalement car je pense qu'il faut parfois choquer les gens pour qu'ils acceptent les idées différentes!...»

Pierre...«...Je rejoins ton opinion et j'ajouterai même qu'il faut garder une apparence sérieuse dans toutes les situations professionnelles...»

Paul...«...Oui, d'autant plus qu'on doit déjà subir ces normes à longueur de temps, à l'école, à la maison,... alors non, pas sur notre tête!...»

Et vous, qu'en pensez-vous?

Après avoir, deux par deux, discuté de vos opinions sur «les cheveux de toutes les couleurs», votre professeur va organiser un débat en grand groupe. Vous direz si vous êtes d'accord ou non et vous argumenterez en vous aidant des expressions dans le tableau ci-dessous.

*Flash sur...*comment exprimer l'accord et le désaccord

En approuvant

Bien sûr!
Tout à fait d'accord!
Vous avez raison.
C'est justement ce que je voulais dire.
Je suis entièrement d'accord.
Je rejoins cette opinion.
D'accord ...

En objectant

Moi, je ne suis pas tout à fait d'accord.
Je crois pas, moi ...
Moi, je ne dirais pas la même chose ...
Je ne parlerais pas de ...
Mais, ce n'est pas vrai!
Je ne suis pas de cet avis.
Mais, non!
Vous avez tort.
Pas du tout d'accord!
Jamais!
Absolument pas!

En donnant son propre point de vue

Je crois que ...
Je pense plutôt que ...
Quand je dis 'il est branché', j'ai quand même ...
Moi, pour moi ...

En précisant

Sans compter que ...
Pour être un peu plus clair ...
Pas d'accord, d'autant plus que ...
Et à ajouter à cela ...
... d'ailleurs ...

En rappelant la position de l'autre et en la nuançant

Moi, je serais assez d'accord avec x quand il/elle dit ...
... mais pas ..., c'est-à-dire ...
Et j'irais même plus loin ...
Je dirais même que ...

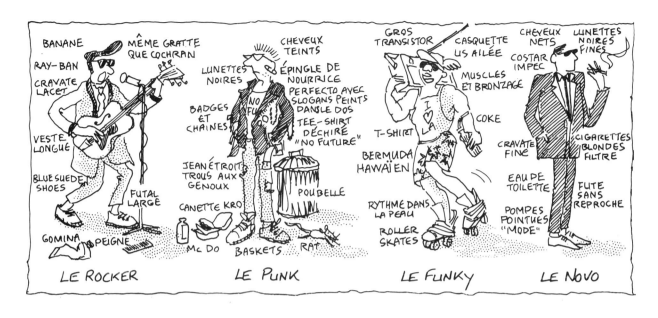

LE ROCKER — LE PUNK — LE FUNKY — LE NOVO

 Les pendules à l'heure

L'accord et le désaccord s'expriment à l'écrit de façon souvent plus subtile dans le choix des termes.

Lisez la lettre de Madame Noiraud 'Les pendules à l'heure' parue dans *Le courrier des lecteurs*. Cette lettre est une réaction à un point de vue exprimé dans un précédent numéro par une autre lectrice qui accusait les professeurs d'être responsables de l'échec scolaire de son enfant.

COURRIER DES LECTEURS

Les pendules à l'heure

Cette dame exprime un « ras-le-bol » bien compréhensible. D'autant plus à notre époque où la réussite scolaire devient tellement fondamentale. Mais tout de même, il ne faudrait pas faire trop de généralités abusives.

Je veux contester le premier point de la lettre de cette lectrice selon lequel l'échec arrive uniquement par les maths, la lecture étant secondaire. Cette affirmation est absurde ! Il est bien évident qu'un enfant qui ne maîtrise pas la lecture, ne pourra pas, dans l'immédiat du moins, maîtriser les autres matières.

Croyez-moi, je l'expérimente en particulier en 6ème où certains enfants ont d'énormes difficultés.

Je passe sur sa description de l'enseignement des maths. Je ne nie pas encore une fois, que ceci soit du « vécu » mais je voudrais que vos lecteurs sachent que, dans leur grande majorité, mes collègues sont des gens sérieux, soucieux du bien de leurs élèves. Je conteste enfin son point de vue sur l'orientation. Les accusations sont totalement fausses. Je dirai d'abord que si l'orientation était ce que dit cette dame, je n'aurais, personnellement, jamais passé le CAPES, étant fille de petits paysans.

Je dirai ensuite que, depuis treize ans que j'enseigne, je n'ai jamais rencontré de collègues ayant l'attitude ségrégative ici décrite. Enfin je poserai deux questions :

— à propos des cours particuliers de maths, qui sont parfois une solution, est-il vraiment impossible, quand on le veut, de trouver des jeunes lycéens ou étudiants, prêts à aider un enfant, pour un prix modique ?

— à propos de « l'essai » du public et du privé, est-ce l'idéal pour un enfant, d'être balloté d'un établissement à un autre ? (Mme Noiraud, La Mothe-Saint-Heray, Deux-Sèvres).

***Flash sur ...* comment marquer une opposition**

Remarquez que vous pouvez introduire votre opinion de manière directe et simplifiée par:

Je désapprouve ...

Mon point de vue diffère ...

Je suis en désaccord avec ...

Je n'admets pas que ...

Je ne reconnais pas que ...

Je veux contester le premier point de la lettre selon lequel ...

Cette affirmation est absurde!

... d'autant plus que ...

... à plus forte raison ...

J'admets/Je ne nie pas que ...

J'ajouterais ...

J'aimerais compléter ...

Nous pourrions aussi dire que ...

Et encore, sachez que l'utilisation du 'je' qui souvent n'est pas utilisé dans les textes écrits est ici tout à fait approprié car on répond à une lettre.

 A vos stylos!

Dans un magazine féminin, un psychologue analyse les raisons qui poussent les jeunes filles à adopter un 'look d'enfer!' provocant. Dans son article 'Une façon d'exister' nous avons retenu des phrases choc. Vous laissent-elles indifférents ou bien allez-vous réagir?

UNE FAÇON D'EXISTER

Selon Maurice D., psychologue à Paris: «Les jeunes filles qui se marginalisent sont généralement issues de milieux où elles ne se reconnaissent pas. Ces jeunes filles revendiquent «une place adulte», une autonomie. Comment l'obtenir? Leurs moyens sont restreints. Le plus sûr est de rechercher des signes extérieurs de séduction dans une communauté de leur choix. Il s'agira souvent de la communauté du garçon pour lequel elles éprouvent un sentiment amoureux. Celui-ci va incarner deux personnes: un objet de désir à l'antithèse du père, et aussi l'opposé du choix sexuel de la mère. Ce garçon va se substituer aux deux personnes contre lesquelles la jeune fille est en révolte.

Le choix d'un look dépend beaucoup du garçon qu'elles vont rencontrer. La marginalisation est donc vraiment un problème d'identification et de révolte. Mais cette révolte ne va pas durer toute la vie. Un jour, elle n'aura plus de raison d'être. Soit parce que la jeune fille sera devenue suffisamment autonome par rapport à ses parents. Soit parce que ses parents auront banalisé son comportement.

Quand on est parent d'une adolescente marginale il faut tout d'abord se montrer tolérant. Et accepter le look excentrique de sa fille. Ainsi, son apparence n'est pas l'objet de conflits perpétuels.

Ensuite, il faut essayer de comprendre les diverses raisons qui ont poussé la jeune fille à se marginaliser.»

Rédigez une lettre où vous répondrez au psychologue en exposant votre accord ou désaccord.

10 *Concéder*

> **concéder**
> **objecter**
> **argumenter son point de vue**

Concéder, c'est reprendre l'argument de l'adversaire, reconnaître qu'il a raison et ensuite marquer votre opposition. C'est une stratégie très utile à l'oral surtout dans les débats ou au cours de négociations, et aussi à l'écrit lorsque vous essayez de convaincre quelqu'un du bien-fondé de vos opinions.

10.1

Evidemment, ça n'est pas beau...

Jean et Isabelle ont eu une discussion houleuse sur le nucléaire: ils ne sont pas du tout d'accord et chacun d'eux pour des raisons bien précises.

Ecoutez la discussion sans regarder la transcription en étant attentif aux arguments de Jean et d'Isabelle et pour chacune des phrases ci-dessous dites si c'est vrai, faux ou on ne sait pas.

a Pour Isabelle le nucléaire est un problème alarmant.
b Jean pense qu'on a besoin du nucléaire pour l'armée.
c Jean pense que la sécurité dans les centrales nucléaires est fiable.
d Pour Jean, le nucléaire est indispensable.
e Isabelle préfère les énergies alternatives.
f Jean est intéressé par l'énergie solaire.
g Isabelle pense que les centrales nucléaires défigurent le paysage naturel.
h Jean est totalement d'accord avec cet argument.
i Il pense que ce qui est industriel n'est pas beau.

Regardons ça de plus près

La discussion entre Jean et Isabelle s'organise autour de quatre arguments essentiels:

- le nucléaire, une menace?
- un problème, la pollution?
- le nucléaire, seule énergie de l'avenir?
- le nucléaire défigure la nature?

Réécoutez le passage en lisant la transcription suivante. Faites une liste des termes qui servent à **concéder** et à **objecter**.

10.1 ▶▶▶▶

en désaccord	***Le nucléaire, une menace***
	I. Le G.: Bon, Jean, j'crois qu'**on est pas très d'accord** sur, euh, sur ce qui, sur, sur, sur le nucléaire. Euh, j'ai l'impression qu'on n'a pas les mêmes idées. Moi, j'pense que vraiment le nucléaire, c'est, euh, si ça continue on va faire exploser notre planète, hein!
distinguer	**Jean**: Alors, euh ... là ... je, **je crois quand même que tu exagères un p'tit peu. Il faut séparer** les problèmes de nucléaire en matière de, de ... problème militaire et puis l'énergie nucléaire civile, celle dont on a vraiment besoin actuellement pour, euh, pour se chauffer, pour s'éclairer enfin c'est, c'est celle qui vraiment fait tourner la France du point de vue industriel.
concéder/objecter	**I. Le G.**: Oui, **mais tu crois pas** que justement, euh, sous couvert de faire tourner la France on est en train de développer des armes nucléaires, euh qui sont en train aussi de nous menacer?
	Un problème: la pollution
concéder	**J.**: Non, enfin ce que tu appelles des armes. Disons que la, la technique nucléaire est quand même relativement bien maîtrisée actuellement. **Bon certains, euh, sont pas d'accord** 'y a eu des fuites dans certaines centrales, euh.
	I. Le G.: Oui 'y a, euh, 'y a euh, 'y en a toujours, hein!
concéder	**J.**: 'Y en a toujours, **bon**, pfff, **ça dépend** un p'tit peu de l'utilisation qu'on en fait **et puis je crois que** les, les spécialistes sont suffisamment sérieux pour se rendre compte à temps de ce qui se passe et, par exemple, actuellement 'y a une centrale, 'y a un super générateur en France qui a été arrêté parce qu'y a eu une fuite de sodium. On s'en est rendu compte rapidement, on a arrêté tout de suite la, l'utilisation de cette centrale.
concéder objecter	**I. Le G.**: Oui, enfin c'est ce qu'ils disent aux informations, **n'empêche que j'pense** le sodium a **quand même** eu le temps aussi de, euh, de partir à, par, par les eaux et puis de nous polluer encore un p'tit peu plus de nos rivières.
concéder objecter	**J.**: Bon, **effectivement** 'y a p't-être eu un problème au niveau pollution **mais je ne suis même pas sûr** parce que d'après ce que je crois savoir y'a eu une cuve qui était destinée à recevoir les fuites de sodium et qui était prévue initialement.
	Le nucléaire, la seule énergie de l'avenir
transition	**J.**: **Bon, ceci dit**, il faut quand même bien se rendre à l'évidence. On ne peut pas actuellement se passer du nucléaire, on ne va pas retourner quand même à, à l'âge de, de Cromagnon, euh, euh et on n'peut plus s'chauffer au charbon. Ça n'est pas un moyen correct.
objecter	**I. Le G.**: **Mais, c'est justement** parce qu'on a pris cette politique-là mais, euh, et si on essayait au lieu de dépenser tout cet argent dans le nucléaire, de le dépenser pour euh, euh, l'énergie solaire euh, euh, l'énergie éolienne?

68

concéder/objecter	**J.:** L'énergie solaire d'abord en Bretagne, 'y a toujours des nuages donc ça ne fonctionnera qu'en été. Euh, en hiver on n'pourra même pas s'chauffer et puis on vivra à la chandelle. Bon, pour ce qui est, euh, de l'autre énergie des éoliennes euh oui ce, **c'est vrai**, ça fonctionne **mais** enfin c'est adaptable à un très p'tit niveau, ça n'est pas, pfff, ça n'est pas possible à un grand niveau. Et puis imagine des éoliennes sur toute la côte: ça va nous défigurer le littoral, c'est absolument impensable!

Le nucléaire défigure le littoral

objecter	**I. Le G.: Mais** tu crois pas que toutes ces centrales-là ne nous défigurent le littoral? Tu vas du côté de Gap, euh, en, en, en Provence et tu as ces espèces de grosses euh, euh, bombes blanches qui te surgissent là au milieu d'une nature magnifique?
concéder/objecter **concéder/objecter** **concéder/objecter**	**J.: Oui et non.** Euh, les problèmes sont quand même concentrés en certains endroits bien précis euh **bon, évidemment** ça n'est pas beau. **Mais enfin** est-ce que les hauts-fourneaux dans le nord, ceux qui ont permis de, de faire le charbon étaient beaux et puis est-ce que ce qui est industriel est beau? Il faut bien différencier la fin et les moyens: on a besoin du nucléaire, on, on accepte donc les, la contrepartie, c'est-à-dire un certain danger **d'accord, mais** maîtrisé et puis euh, une dégradation toute relative du, du littoral ou bien des, des paysages!

A vous de débattre!

Un débat va s'organiser autour du thème: Le nucléaire, un bon choix? – débat inépuisable qui est loin d'être achevé!

Avant de prendre position, vous devez organiser vos interventions et pour cela bien cerner les arguments pour et contre. Alors:

a faites l'inventaire général de tous les arguments: votre professeur (l'animateur) va vous aider à établir la liste en organisant un 'brain-storming' sur 'les pour' et 'les contre'.

b une fois la liste établie et écrite pour l'ensemble de la classe, la classe se divise en deux groupes adversaires. Chaque groupe prend cinq minutes pour se consulter et raffermir ses arguments et ... que le débat commence!

Attention! les règles du jeu:

Groupe A: est pour le nucléaire
- **expose** (le nucléaire est ...)
- **donne son avis** (nous pensons que ...)
- **concède** (c'est vrai que ...)
- **persuade** (vous savez bien que ...)
- **donne des exemples** (par exemple ...)
  etc ......

Groupe B: est contre le nucléaire
- **expose**
- **objecte** (cependant)
- **concède** (certes ...)
- **proteste** (absolument pas)

Il est exact que ... mais ...

S'il est certain que ... il n'en reste pas moins vrai que ...

Il est en effet possible que ... cependant ...

Tout en reconnaissant le fait que ... il faut cependant noter que ...

Certes, ... mais est-ce que cela veut dire pour autant que ...

Sans doute ..., pourtant ...

On peut admettre que ..., toutefois ...

Si le/la ..., il faut néanmoins faire remarquer ...

Je ne nie pas que ..., mais quand même ...

Je ne prétends pas ..., cependant ...

Que ... soit ... c'est exact, mais ...

Regardons ça de plus près!

Lisez la lettre 'Les pendules à l'heure' publiée à la page 65. Madame Noiraud répond à une personne qui formulait des critiques sur les professeurs. Madame Noiraud concède **deux** points à l'auteur de cette lettre. Lesquels?

Remarquez qu'elle **concède** en utilisant:
Il est bien évident que ...
Je ne nie pas que ...
Elle **objecte** en disant:
Mais tout de même, il ne faudrait pas faire trop de généralités abusives ...

Bien d'autres professeurs ont réagi à cette lettre d'accusation. Ils ont tous exprimé leur point de vue en concédant quelques points: lisez les extraits suivants et décidez quels sont les points qu'ils concèdent et quels sont les arguments qu'ils utilisent pour s'opposer.

A «Notre but est d'aider les enfants à acquérir un minimum de culture et de bien-être...je ne prétends pas que nous y parvenions avec tous les élèves, loin de là, mais l'éducation n'est pas l'apanage des enseignants...»

C «...Nous tenons compte du bulletin, c'est évident, mais pas uniquement des notes...»

B «Que certains enseignants ne mettent pas assez de cœur à leur travail, cela est certes exact mais ne nous mettez pas tous 'dans le même sac'...»

D «Je ne nie pas que cela soit du 'vécu' mais je voudrais que vos lecteurs sachent que, dans leur grande majorité, mes collègues sont des gens sérieux...»

Ces modèles pour marquer la concession et ensuite objecter font partie d'une liste plus importante qui est fréquemment utilisée à l'écrit.

A vous de la découvrir et d'en faire bon usage!

A vos stylos!

1 Vous avez à la page 70 une liste des termes vous permettant de concéder et de vous opposer. Deux par deux, constituez par écrit, à partir des thèmes offerts ci-dessous, des phrases qui pourraient être des bases de discussions ou de dissertations que vous aimeriez proposer au reste du groupe. Vous les lirez ensuite à haute voix et la classe accordera des points préférentiels.

Exemple:

Thème: les moyens de locomotion
* Il est exact que les voitures polluent mais elles sont un moyen de transport indispensable.

Thèmes:

la pollution de la mer	l'importance du voyage
la peine de mort	la relation parents – enfants
le massacre des baleines	la richesse et la pauvreté
la mort des salles de cinéma	la faim dans les pays en
le pouvoir de la télévision	voie de développement
la chasse	le chômage

Monsieur,

Comment être d'accord avec vous quand vous dites que le tabac est plus dangereux que le nucléaire! Etes-vous sérieux?
Certes le tabac est un danger constant et permanent pour le fumeur, mais cependant on peut le considérer comme un danger 'choisi' alors que le danger de nucléaire dépasse notre volonté!

Madame,

Votre lettre opposant tabac et nucléaire m'a beaucoup intéressé et il me semble que si effectivement l'armement nucléaire est un danger que nous n'avons pas choisi, il faut néanmoins vous faire remarquer que toutes les précautions sont prises pour minimiser la menace d'une fuite ou de radiations.

2 Reprenons la liste des arguments que vous avez dressée lors de la préparation de votre débat 'Le nucléaire, un bon choix?' Cette liste peut être rallongée, bien sûr!

Le Conseil régional a voté l'accord pour la construction d'une centrale nucléaire en Bretagne, le long d'un littoral qui jusqu'à maintenant faisait la fierté des habitants de la région. Les expressions de mécontentement ou d'approbation ont envahi la section 'Courrier des lecteurs' du journal local. Semaine après semaine, les lettres 'en réponse à ...' se succèdent. En voici deux exemples (à gauche):

La classe se divise en deux groupes d'opinion distincts: pour et contre le nucléaire. Chaque membre de chaque groupe va tout d'abord écrire une courte lettre où il va exposer ses idées sur le nucléaire. Ces lettres seront éditées (affichées par le professeur) dans le journal local et ensuite après avoir lu les lettres de 'l'opposition' vous décidez de répondre à une de ces lettres pour exprimer votre désaccord en **concédant** et **objectant** comme l'ont fait les deux lecteurs publiés ci-dessus.

Pour vous aider, voici quelques idées à ajouter aux vôtres:

Contre	Pour
– le nucléaire est dangereux	– le tabac est plus dangereux
– une centrale peut avoir des fuites destructrices	– les mines de charbon tuent
– les radiations peuvent tuer	– il y a plus d'accidents de la route que d'accidents nucléaires
– les accidents du nucléaire sont irréparables: ils peuvent exterminer des milliers de personnes	– toutes les précautions sont prises
	– la probabilité d'un accident est très faible
– on ne peut se permettre de prendre le risque	– comment fournir suffisamment d'énergie sans le nucléaire?

11 *Mise au point*

des stratégies pour convaincre
démentir une idée reçue
soutenir un point de vue divergent

Dans cette unité nous faisons le contraste entre deux textes, l'un sonore, l'autre écrit, qui traitent du même sujet et qui illustrent d'une façon très nette la différence entre l'oral et l'écrit. A l'oral, Madame Jourdan nous parle des nouvelles villes. Elle explique, elle énumère, elle nuance et elle contraste dans un exposé qui repose fortement sur la qualité de sa voix et sur l'intonation.

L'argument écrit de Monsieur Lanier, par contre, repose plutôt sur une structure plus formelle, celle du démenti d'une idée reçue, d'un argument bien articulé et bien résumé (la mise au point).

11.1

Par contre ...

Mireille Jourdan habite à Cergy-Pontoise, ville nouvelle à 20 kilomètres de Paris. Elle est secrétaire de direction dans une filiale française d'une très grande compagnie américaine – un poste très important et très exigeant. Comme son mari vient d'obtenir un nouveau poste à la Rochelle, la famille a décidé de déménager. Ecoutez Madame Jourdan qui parle de sa vie actuelle en banlieue et de la vie provinciale qui l'attend.

1 Si elle avait un jour de libre, qu'est-ce qu'elle ferait, Madame Jourdan?
2 Donner quelques exemples des sorties culturelles des Jourdan.
3 Est-ce que Madame Jourdan est inquiète vis-à-vis de sa future vie en province?
4 Est-ce qu'elle se sent provinciale ou plutôt parisienne?
5 Est-ce que les Jourdan auraient préféré vivre en plein centre de Paris?

6 Faites une liste des raisons pour lesquelles 'les villes nouvelles, c'est intéressant'?

7 Sous quelles conditions est-ce que les Jourdan aimeraient bien vivre à Paris?

Regardons ça de plus près

11.1 ▶ ▶ ▶ ▶ Réécoutez le passage en lisant la transcription suivante:

K. B: Je sais que vous n'avez pas beaucoup de temps libre parce que vous travaillez et vous avez une famille et tout, mais qu'est-ce que vous faites quand, euh..., que feriez-vous si vous aviez un jour de libre comme ça, tombé du ciel?

mettre en relief

Madame Jourdan: Ben, **ce qui me manque le plus**, ça arrive à paraître ridicule parce qu'on est à 20 kilomètres de Paris, c'est de faire une bonne journée de shopping dans les boutiques parce que je pense que ça fait au moins trois ans que je suis pas allée. C'est la chose que je fais pas parce que **disons** qu'on fait des sorties culturelles, alors on va au théâtre, on va voir des ballets, on va voir des pièces de théâtre, on va, euh, écouter des chorales, **enfin bref**, on a beaucoup d'activités culturelles mais alors on prend la voiture le soir à sept heures et demie, on arrive sur le lieu en question vers huit heures, huit heures un quart, ça commence à huit heures et demie, on rentre onze heures et demie, minuit, puis voilà, c'est fini. Alors, on est content, on a vu quelque chose qui nous a plu mais **par contre** Paris proprement dit, ben voilà tiens, une journée, vous m'offrez une journée, je vais me promener toute la journée dans Paris, faire les boutiques, flâner dans Paris, voilà, ça j'aimerais mais ... je ... je trouve jamais le temps de le faire.

expliquer
énumérer
résumer

contraster

K.B.: Bon, ça va pas vous manquer quand vous êtes ...?

expliquer

Mme J.: Ah non, j'ai pu vivre sans, j'pense que je vivrai encore sans. Oui, non **d'ailleurs** dans la vie **disons** provinciale qui m'attend, je ne suis pas inquiète justement au point de vue apport culturel parce que je crois qu'en France – je sais plus du t..., je sais pas du tout ce qu'est devenu en Angleterre, en Angleterre à mon avis c'était très vivant à l'époque, bon, ça n'a pu que continuer, je suppose. Mais **par contre**, quand nous, nous avions quitté la France, en France vous quittiez Paris, il ne se passait plus rien au point de vue théâtral, danse euh, en province, hein. C'était fini, il y avait rien. **Alors que** maintenant vraiment les villes de province ont fait un effort fabuleux – Poitiers est une ville universitaire, donc ce sera près de notre lieu d'habitation, donc il y a beaucoup, beaucoup de choses qui s'y passent. Niort aussi est une ville très active au point de vue culturel, la Rochelle aussi donc, là, je me fais pas de soucis, hein, pas du tout mais les ... les boutiques parisiennes oui, ça je les retrouverai pas, par contre. Mais tant pis, tant pis.

contraster

contraster

K.B.: Vous êtes d'origine parisienne?

nuancer
expliquer

Mme J.: **Pas vraiment**, je suis provinciale. Enfin, de la petite province, **enfin ce qu'on appelle** la grande ceinture parisienne mais enfin c'est plus qu'une ceinture parce qu'en fait, c'est au sud de Fontainebleau, alors euh, c'est disons à 110 kilomètres de Paris, au sud de Paris, donc à ... donc c'est pas très loin de Paris **ce qui veut dire que** l'influence parisienne s'y faisait sentir **quand même**, mais c'est **quand même** la province. Mais avec un petit 'p' pas avec un grand 'p'.

expliquer
expliquer

K.B.: Et vous habitez Cergy qui est une banlieue de Paris. Est-ce que vous auriez préféré habiter au centre-ville ou ...?

Mme J.: Non, pas avec les enfants. Non, euh c'était un choix hein en fait, lorsque l'on est venu ici, on a préféré donner aux enfants la possibilité d'avoir sous la main les bois euh, les étangs, la rivière, la campagne, disons quand même tout en ayant dans une infrastructure bien ... bien établie de, par la ville nouvelle qui leur offre aussi tout ... toutes les possibilités de ... de ... euh, d'exercer le sport dont ils ont envie, de suivre les cours dont ils ont envie, **bref**, je pense que pour ça, les villes nouvelles, c'est intéressant, c'est vraiment un ... une agglomération enfin pas une agglomération dans le sens d'agglomération, mais d'un conglomérat de choses qui rendent la vie facile quoi, hein, finalement. Mais, non on n'avait pas envie de s'établir à Paris. **Par contre**, plus tard, oui, si on doit revenir en région parisienne et que les enfants nous ont quittés, là je crois qu'on aimerait bien vivre à Paris. Mais...

K.B.: Pour profiter de...

Mme J.: Oui, d'avoir, oui, ben de peut-être pouvoir flâner enfin une journée dans Paris!

énumérer

contraster

 *Flash sur...*des stratégies pour convaincre

Remarquez l'intonation utilisée par Madame Jourdan pour **énumérer**:

- les sorties culturelles
  ballets, théâtres, chorales... bref...
- les avantages pour ses enfants d'habiter une nouvelle ville, qui leur offre les possibilités d'exercer le sport dont ils ont envie, de suivre les cours dont ils ont envie, bref...

Récapitulez en même temps les stratégies déjà étudiées dans le cours pour

- **s'expliquer**
  alors... disons... ce qui veut dire...donc...
- **nuancer**
  pas vraiment... enfin de ce qu'on appelle...
- **contraster**
  alors que... par contre... quand même...
- **mettre en relief**
  ce qui me manque le plus... c'est...

A vous d'énumérer et de résumer

A chacun son tour d'**énumérer** et de **résumer** ses préférences en répondant aux questions suivantes:

a Vous êtes fana de sport?
b Vous aimez la musique pop?
c Vous allez souvent au cinéma, aux concerts ou au théâtre?
d Vous aimez faire des randonnées dans la nature?

Exemple:

Je déteste le football, j'ai horreur du rugby et je n'aime pas tellement le basket – bref, je ne suis pas sportif!

A vous de vous expliquer

'C'est disons à cent dix kilomètres de Paris, donc...,/ce qui veut dire que'...
Et votre ville, c'est loin de la capitale? Quelles en sont les conséquences?
Exemple: Bath, c'est disons à x kilomètres de Londres, donc.../ce qui veut dire que...

A vous de faire des contrastes

'Mais c'est quand même la province.'
'Par contre, plus tard, oui, je crois qu'on aimerait vivre à Paris.'

Vous avez des sentiments contradictoires sur les sujets suivants – exprimez-les! Travaillez avec un(e) partenaire. A chacun son tour de **nuancer** ou de **contraster** les propos de l'autre:

le climat britannique	les hommes/les femmes
les baladeurs	les informations.
le kangourou	

A vous d'exprimer les pour et les contre!

En utilisant les façons d'argumenter le pour et le contre que vous venez d'étudier, faites des phrases sur les sujets suivants:

a *La ville/La campagne*

en ville: cinémas/théâtres/boîtes de nuit –
bref... apport culturel très important
à la campagne par contre: mener une vie plus

saine/respirer l'air pur/plus de possibilités de
pratiquer un sport – l'alpinisme, sports nautiques,
bref...

Quant à moi personnellement, je crois qu'il vaut
mieux...
A mon avis...

b *L'énergie solaire/nucléaire*

l'énergie solaire: peu efficace, coûteuse mais quand
même illimitée, renouvelable, bref...

l'énergie nucléaire, par contre: dangereuse –
Chernobyl, les déchets radioactifs mais quand même
facile à produire, peu coûteuse.

Pour ma part, je suis persuadé(e) que...

Une défense des «villes nouvelles»

Regardez maintenant la forme beaucoup plus stricte
qu'on peut observer à l'écrit. La **mise au point** est une
stratégie très utile et très répandue pour corriger à l'écrit
un malentendu ou une idée que vous considérez fausse.
Pour faire une mise au point, il faut:

1 **relever l'idée reçue** ou fausse qui est largement
acceptée
2 **démentir cette idée** (c'est-à-dire la corriger)
3 **donner des preuves** pour appuyer votre point de vue
(en énumérant quelques exemples)
4 **tirer une conclusion** (en résumant l'argument
présenté).

Lisez le texte suivant qui illustre la technique de la
mise au point.

démentir une idée reçue

résumer/conclure

énumérer

Un malentendu sur les objectifs

**Contrairement à une idée largement
répandue,** les villes nouvelles ne
consistent pas à ajouter quoi que ce
soit à la région en y attirant un
supplément de population et d'activités
économiques aux dépens de la
province. Elles visent seulement à
permettre un meilleur équilibre à
l'intérieur de la région, à éviter la
congestion parisienne en créant des
centres d'équipements et d'emplois
répondant aux besoins des populations
des départements de la Grande
Couronne, à sauvegarder les massifs
boisés et les zones naturelles
d'équilibre, **bref**, à améliorer les
conditions de vie de l'ensemble de la
région par un rapprochement de
l'habitat et de l'emploi.

Lucien Lanier, Préfet de la région île de France, *Le Monde* 7 juin 1977

1 Une majorité de Français favorable au solaire

A On pourrait penser que la plupart des Français soutiennent la politique nucléaire du gouvernement.

B D'après un sondage réalisé par SOFRES il paraît que 72% des Français favorisent le développement de l'énergie solaire contre 8% pour le nucléaire. En ce qui concerne le solaire, le Français moyen subit un manque d'informations lamentable:

C
1 67% des Français s'estiment mal informés.
2 Plus de la moitié des Français pense que l'énergie solaire coûte cher.
3 50% des Français croient que la meilleure utilisation de cette énergie soit le chauffage par capteur solaire.

D Le programme du gouvernement en ce domaine n'est pas assez important.

2 «Des divorcés qui s'ignorent»

A Le mariage à l'essai ne se borne pas à une minorité marginale.

B
1 44% des jeunes couples vivent en cohabitation.
2 Le mariage à l'essai a cessé d'être socialement répréhensible.
3 La pratique se répand d'une manière spectaculaire.

C Le mode de vie de leurs enfants amènent les parents maintenant à s'interroger sur la signification de leur propre mariage. Leurs enfants leur disent qu'ils sont «des divorcés qui s'ignorent».

3 MANGER VERT

A Un régime végétarien, respectant un bon équilibre alimentaire, ne présente aucun danger pour l'organisme.

B
1 Les Français mangent trop de viande, trop de graisses, trop de sucres - le nombre de morts dues aux "maladies de civilisation" (cirrhose, infarctus, obésité, etc.) augmentent.
2 La technologie moderne est allée trop loin dans son désir de rentabilité et de productivité.
3 L'économie nationale française souffre de l'importation de soja, légumineuse devenue indispensable pour l'alimentation du bétail et qui se paie en dollars.

C De tels propos sont rationnels et convaincants - il appartient à chacun de nous de choisir son alimentation, fonction de ses besoins biologiques mais aussi de sa conception de vie.

Définissez les termes suivants:

a un supplément de population, c'est-à-dire...
b aux dépens de la province, cela veut dire que...
c un meilleur équilibre signifie...
d la congestion parisienne s'explique par...
e les centres d'équipements sont...
f par les massifs boisés, on entend...

Répondez aux questions suivantes qui vous amèneront à réfléchir sur la structure du paragraphe que vous venez de lire.

1 Quelle est l'idée reçue relevée par Lucien Lanier?
2 Quelles sont les véritables raisons pour lesquelles on a créé les villes nouvelles, selon lui?
3 Comment est-ce qu'il résume ces raisons?

Vive la différence!

Deux par deux rédigez un dialogue dans lequel une personne propose l'idée reçue démentie par Lucien Lanier. La deuxième personne corrigera la première en lui donnant des exemples. Improvisez ou lisez votre dialogue à haute voix. Remarquez la différence entre la version écrite et la version orale.

A vos stylos!

Faites des mises au point (voir p. 77) sur les sujets à gauche:

1	2	3
A idée reçue	A démentir une idée reçue	A démentir une idée reçue
B démentir	B énumérer les preuves	B énumérer les preuves
C énumérer les preuves	C résumer/ conclure	C résumer/ conclure
D résumer/ conclure		

Quelques autres idées reçues...

En suivant la même formule, argumentez contre les idées reçues suivantes:

1 Si la paix se maintient depuis quarante ans, c'est grâce à la bombe nucléaire.
2 La télévision – perte de temps spectaculaire.
3 Les femmes qui travaillent n'ont qu'à rester chez elles, ça fera davantage d'emplois pour les hommes et pour les jeunes.

12 *Conclure*

Quand on parle spontanément, on structure beaucoup moins son discours qu'à l'écrit. Si on vous pose une question bien délimitée, vous pouvez toutefois indiquer que vous arrivez à votre dernier point en disant:

En gros, ...	Cela montre que ...
En somme, ...	Pour finir ...
Bref, ...	En conclusion, ...
Donc, ...	

Mais, si vous oubliez d'utiliser ces phrases-là, ne vous en faites pas! Vous n'avez qu'à dire:

Voilà!
Bon, c'est ça!

pour montrer que vous n'avez rien d'autre à dire.

Exposés en chaîne

1 Discutez avec votre partenaire d'une des manchettes suivantes (à la page 80) qui paraîtrait éventuellement dans la presse écrite. Décidez de quoi il s'agit et donnez votre avis dessus.

2 A chacun son tour d'exposer le sujet en question et ses opinions dessus. Durant le premier exposé, les autres membres du groupe doivent attendre que le premier signale (en disant 'voilà, pour finir, bref, donc', etc.) qu'il a terminé de parler. Qui va être le premier a réagir?
(Vous pouvez ou bien commenter l'exposé de l'autre ou bien exposer un autre sujet.)

> J'ai vu une manchette frappante aujourd'hui. Il paraît que...
> J'ai lu un article intéressant aujourd'hui. On disait que...
> Si (+ *temps présent*)..., ... (+ *temps futur*)...   Bref,...
> Si... (+ *imparfait*)..., ...(+ *conditionnel*)....   Voilà!
> Moi, je pense que....

Congés de paternité
les hommes auront les mêmes droits que les femmes!

LA SEMAINE DE 25 HEURES SERA INTRODUITE L'ANNEE PROCHAINE

Camionneur vide camion-citerne de rejets vénéneux dans le fleuve à St-Laurent-sur-Loire

Les premiers robots à faire le ménage construits à Toulouse!

A l'écrit: les qualités d'une bonne conclusion:
– faire le bilan de ce qui a été dit
– être concise
– résumer votre point de vue
– ouvrir éventuellement le sujet vers d'autres thèmes.

Et: quelle que soit la formule, son originalité donnera au lecteur l'impression de 'contentement'. Imaginez un film qui vous fait penser: 'Oh, je n'aime pas cette fin'. Eh bien, ce film a une mauvaise conclusion. Attention que vos lecteurs, quand ils lisent vos textes, ne restent pas sur leur faim!

Flash sur ... **conclure**

A la liste des expressions utilisées à l'oral pour introduire une conclusion (à part *Voilà, Bon, C'est ça* qui ne s'utilisent pas à l'écrit!), vous ajouterez:

Ainsi, ...	On voit par ce qui précède que ...
Finalement, ...	Il en résulte que ...
En résumé, ...	Pour conclure, ...
En définitive, ...	En conclusion, ...
En somme, ...	On peut conclure en disant que ...

DES RECORDS ÉTONNANTS

● À Myon, près de Lyon, Georges Chevriau, 81 ans, et Rose Robin, 82 ans, ont décidé de passer devant monsieur le maire après... 17 ans de vie commune. Avant de régulariser leur situation, ils ont attendu que les enfants qu'ils avaient eu d'unions précédentes soient eux-mêmes quinquagénaires et pour certains sexagénaires.

● Quant au record du nombre de mariages successifs, il est toujours tenu par Mikey Rooney : marié 8 fois avec 8 femmes différentes. Il est suivi de près par Elizabeth Taylor, mariée 7 fois. Mais elle a triché, puisqu'elle a épousé deux fois Richard Burton.

A vos stylos!

Voici des articles pour les moins originaux et inhabituels qui chacun aborde un problème.
A partir du sujet que chacun d'eux suggère, rédigez une conclusion, en vous aidant de la petite note d'humour qui les caractérise:

Exemple: 'La brosse à dents est dangereuse.'
En définitive, un ustensile aussi petit et inoffensif que la brosse à dents peut faire des victimes! Qui eût cru que la brosse à dents pouvait devenir mortelle ... dans certains cas!

● Les rondes elles aussi veulent s'habiller chic

Malgré leur apparence imposante, elles étaient traitées comme quantité négligeable par les créateurs. Désormais, les femmes rondes auront, elles aussi, le droit de s'habiller chic – du moins aux États-Unis et en Allemagne. Le couturier Guy Laroche a créé des modèles pour les tailles au-dessus du 46 – En Allemagne ! Aux barricades, les rondes ! Vous êtes une minorité importante : une Française sur quatre pèse au moins dix kilos au-dessus de son poids « idéal » !

Sondage express

Ça ne manque pas de piquant ! Si on leur donne le choix entre absorber des comprimés ou se faire faire des piqûres, 23 % des Français optent pour la seconde solution... 77 % des malades pensent en effet que les piqûres soulagent plus efficacement que les cachets. 76 % considèrent qu'elles agissent plus vite, et 83 % constatent qu'elles font moins mal à l'estomac. Lorsque c'est le médecin qui prescrit le traitement par piqûre, bien que neuf Français sur dix avouent détester ces « travaux d'aiguille », 93 % l'acceptent sans broncher. Moralité : les infirmières ont un bel avenir devant elles !

● Brosses à dents : restez très prudents !

La croisade contre les caries fait ses premières victimes. Outre-Atlantique, 31 personnes déjà ont avalé leur brosse à dents ! Pour que celle-ci ne reste pas en travers de la gorge, il faut respecter certaines règles : une soirée trop bien arrosée ou une toux violente sont par exemple des moments à déconseiller vivement pour manier cet instrument par ailleurs indispensable à notre hygiène dentaire !

Télégramme-Télégramme-Télégramme-

● Qui dit mieux ? En un siècle, les Françaises ont gagné 25 ans et 6 mois d'espérance de vie. C'est en Poitou-Charentes que les femmes vivent le plus longtemps : en moyenne, 80 ans et 2 mois...

12.1

Ils finissent leurs vieux jours là-bas

Le monsieur que vous allez écouter travaille à Rennes mais il possède aussi une maison secondaire à Port-Navalo sur la côte bretonne. Pourquoi est-ce que les Français possèdent plus de résidences secondaires que n'importe quel autre Européen?

Ecoutez le passage. Décidez si les énoncés suivants sont vrais ou faux. S'ils sont faux, transformez la phrase en phrase correcte dans votre cahier.

1 Les Français n'aiment pas la terre. Ce ne sont que les maisons qui les intéressent.
2 Les enfants refont les vieux bâtiments hérités de leurs pères.
3 Partout où vous allez, les villages sont moins jolis qu'avant.
4 Il y a cinq à six millions de tondeuses en France.
5 Les gens quittent le pays mais à une vitesse moins accélérée.
6 Pendant les années 60–75, très peu de gens sont partis pour les grandes villes.
7 Depuis 50 ans les cultivateurs ont le matériel qu'il faut pour travailler la terre.
8 Ceci a créé du chômage dans les régions agricoles.
9 Les maisons d'anciens cultivateurs tombent en ruines.
10 Les gens se retirent à la campagne ou au bord de la mer.

Vérifiez vos réponses en lisant la transcription suivante.

12.1 ▶▶▶▶

K. B.: Alors, vous avez une maison secondaire à ...?
Un habitant de Port-Navalo: J'ai une maison secondaire, oui. En bordure de mer.

K.B.: Parce que ça, c'est un phénomène plus français qu'anglais. En Angleterre il y a presque personne qui a une maison secondaire mais en France c'est plus répandu, je crois.

Un h.: En France chaque ... enfin, on peut dire que nous, nous aimons la propriété. Ça, c'est pas de doute, hein. Propriété aussi bien pour les terrains que pour les, comment dirais-je, ben, que pour les maisons. On veut être propriétaire. C'est pour ça que la France partout où vous allez, vous revoyez que même les campagnes se sont toutes fleuries. Les petits villages quels qu'ils soient sont toujours plus ou moins jolis ., je dis,.. plus ou moins jolis parce qu'il y a quand même des, des endroits impossibles mais les enfants qui se sont expatriés pour chercher leur, leur vie soit à Paris ou dans les grandes villes telles que Rennes, bon, en partant d'ici, bon ben ma foi, ils ont toujours hérité de leurs parents une vieille euh ... une vieille ruine qu'ils ont retapée avec le terrain. Ils ont mis des géraniums, des fleurs, ça embellit, bon ben il y a des tondeuses, vous savez qu'en France ici, il y a au moins je sais pas, moi, cinq à six millions de tondeuses. Les gens sont ... c'est, c'est effarant, hein ... c'est effarant, oui, oui, oui. Effarant. Et puis euh oui, c'est ça.

K.B.: Parce qu'on parle beaucoup de l'exode rural. Est-ce qu'il y a ... un sens inverse maintenant?

Un h.: Non, non, non, non, non, non, non. Non, non, non. C'est ... c'est toujours continue, l'exode rural continue toujours mais à moins s'accélérér parce qu'il y a eu dans les années '60 à '75 beaucoup, beaucoup de cultivateurs, de fils de cultivateurs à réintégrer ... à intégrer tout au moins les grandes villes. Parce que le cultivateur français, lui, il est tellement... il a tellement de matériel qui fait que ça supprime des mains ... des bras. Un cultivateur ici en France qui a 30 à 50 hectares, il, il peut mener la ferme en monoculture ... en monoculture, je dis bien, oui ... sa femme et lui et puis un de ses enfants, ils mènent ça largement, il a tout le matériel qu'il lui faut. Alors, évidemment, généralement les, ... les parents de ... enfin, disons les cultivateurs ont plusieurs enfants ... et ses enfants-là sont tous, ils sont tous comme on peut dire 'émigrés' dans les grandes villes. Alors, maintenant il y en a un peu moins et c'est pour ça que les villes ont grandi, grandi, grandi, grandi. Quelle que soit la ville en France, ils ont ..., ça c'est multiplié par deux, trois, quatre fois. Ah oui, oui, énormément. Depuis euh 50 ans, les villes ont multiplié par quatre. Mais l'exode rural se formule toujours, très, très lentement, beaucoup moins ... plus lentement maintenant parce qu'il y a eu quand même la sélection, il y a de ça une dizaine d'années. Voilà.

K.B.: Alors, mais les maisons d'anciens cultivateurs se transforment en maisons secondaires?

Un h.: Voilà. C'est pour ça que tous les villages si vous vous promenez en France ... tout se transforme, si ça se revend, c'est pour acheter autre chose et embellir toujours, c'est vrai. Promenez-vous, vous allez voir. Mais il faut, il faut, il faut se promener dans les petites ... dans les petites ruelles, enfin les petites ruelles et puis les petites routes impossibles on se demande, inimaginables les petites maisons et les maisons neuves même qui se sont construit ... il y a des gens qui vont finir leur retraite. Ils ont fait leur fortune à Paris enfin leur fortune, leur vie à Paris et puis ils viennent ici finir leur vie enfin ici en bordure de mer ou même dans les campagnes, parce que je vous parle toujours d'ici mais en réalité il faut généraliser quand même sur l'ensemble de la France, hein. Il y en a qui vont soit dans le Midi, soit qui vont dans l'est même dans le nord, ils vont dans les terres de là-bas, les gens finissent leurs vieux jours là-bas.

A vos stylos!

Les Français – leurs rêves de maison incluent souvent la résidence secondaire.

Suivant le modèle donné ci-dessous (à la page 84) rédigez un texte sur ce sujet. Il faudra étudier aussi les statistiques données et la transcription du passage que vous venez d'écouter.

2,3 millions de résidences secondaires

11% des ménages disposent d'une résidence secondaire. Il s'agit dans 80% des cas d'une maison, presque toujours pourvue d'un jardin. À noter que 9% des résidences secondaires sont constituées d'un terrain et d'une résidence mobile (caravane, camping-car, etc.). 56% de ces habitations sont situées à la campagne, 32% à la mer et 16% à la montagne. Les cadres supérieurs et professions libérales sont les plus nombreux (23%) à posséder une résidence secondaire. Les moins nombreux sont les agriculteurs (3%), les ouvriers et employés (5%).

Paragraphe 1

Aborder le problème

(énumération – nombre de résidences secondaires, de tondeuses, etc.,
...il paraît que les Français...
Mais comment ceci s'est-il produit?

Paragraphes 2, 3, 4

Enchaîner des arguments
(première idée)
(conséquences)

Déjà depuis 50 ans les cultivateurs ont le matériel de...
ce qui fait que...
Il en résulte que les fils de ces cultivateurs...
Les grandes villes...donc...

Paragraphe 5

Opposition
(conclusion)

Mais toujours est-il que ces enfants expatriés ont hérité...
Ainsi, partout où vous allez...

Paragraphe 6

Conclusion

En définitive, si les enfants des cultivateurs sont émigrés... les Français rêvent de finir leurs vieux jours...

Pratiques _____

Voici quatre dossiers d'actualité, outils de réflexion qui alimenteront vos arguments et vous permettront de vous entraîner aux techniques d'expression développées tout au long de ce livre.

Pour chaque dossier, vous adopterez la méthode de travail suivante:

1 Brain-storming

a Lisez les extraits d'articles proposés.
b Discutez-en en petits groupes et faites une liste des idées développées.
c A l'aide d'un brain-storming, votre professeur établira la liste finale des idées et arguments que chaque groupe aura proposés.
d En utilisant les stratégies que vous avez apprises pour donner votre avis, exprimer votre accord et votre désaccord, nuancer, objecter et concéder... (voir la liste: Récapitulation p. 93), exposez vos idées aux autres.

2 A vos stylos!
En réponse à la question posée, vous rédigerez un texte (250 mots) en vous servant des techniques d'expression écrite que vous avez acquises. Il faudra agir en deux temps:

a vous organiserez et structurerez vos idées en suivant: soit le plan thèse/antithèse/synthèse (On dit que.../D'autres disent que.../D'après moi, ...); soit le plan problèmes/causes/solutions.
b vous n'oublierez pas, non plus, qu'il faut:
   i introduire le sujet (aborder le problème)
  ii développer votre argument
 iii conclure.

(voir Récapitulation pp. 93–96 pour les tournures nécessaires.)

Femmes, je vous aime...

Pour un peu, on les plaindrait de rester ainsi chez elles. Comme elles doivent s'ennuyer ! Elles sont pourtant nombreuses à témoigner du contraire !

Ces fières Héraultaises ont créé « Femmes actives au foyer »

Elles ont choisi le métier de mère

Femme au foyer, c'est le bonheur !

SONDAGE EXCLUSIF *Maxi* : LES MAMANS REVIENNENT !

● C'est le grand retour aux valeurs traditionnelles. Après que l'on a prôné le travail pour les femmes, elles en ont assez et préfèrent se consacrer à leur foyer. 57 % des Françaises sont formelles : elles veulent rester chez elles et avoir le temps de s'occuper de leurs enfants. Les jeunes femmes surtout (69 % des 25 à 34 ans) revendiquent le fait d'être mère au foyer. Car travailler est, pour 61 % des femmes, un handicap pour l'épanouissement de l'enfant. Un concept nouveau, qui atténue les thèses « féministes », développées ces 20 dernières années.
Seulement 36 % des femmes considèrent que le travail est indispensable à leur équilibre. Le foyer plus important que le bureau ? Les femmes préfèrent rester chez elles pour s'occuper de la maison, du ménage et « réussir » leur couple, même (8 %) s'il n'y a pas d'enfant. Gagner sa vie, un impératif pour 35 % des Françaises qui travaillent, mais si elles en avaient la possibilité, elles préféreraient rester au foyer.

Travailler et élever ses enfants, deux notions désormais incompatibles pour 5 % des femmes qui ont actuellement un emploi et qui veulent rester au foyer dès qu'elles seront mères. Les causes du « travail à tout prix » seraient-elles tombées dans les oubliettes ? Une certitude, s'il en est ; le bonheur est simple, il passe par la maison. La dernière mode des Françaises, c'est bien la tradition.

Les questions posées	Réponses
● «Je suis une femme au foyer et avant tout, je préfère me consacrer à l'éducation de mes enfants.»	57%
● «Je suis obligée de travailler pour gagner ma vie, mais si cela était possible je préférerais rester au foyer.»	35%
● «Je pense qu'une mère qui travaille est plutôt un handicap pour l'épanouissement de son enfant.»	61%
● «Je suis une femme au foyer et je préfère m'occuper de ma maison, même si je n'ai pas d'enfant à élever.»	8%

C e sondage Maxi-Louis Harris a été effectué dans toute la France auprès d'un échantillon national de 520 femmes, représentatif des femmes françaises de 18 ans et plus. D'après la moyenne nationale, il apparaît que 33 % des femmes interrogées sont femmes au foyer, tandis que 39 % d'entre elles travaillent à plein temps ou à temps partiel et que 6 % sont à la recherche d'un emploi. En outre, 22 % sont à la retraite. 55 % des femmes interrogées n'ont pas d'enfant, 22 % ont un enfant, 15 % en ont deux, 8 % trois et plus.

Carrière, famille, séduction

Mais comment font-elles?

Métro-boulot-fourneau. Une femme active avec un enfant travaille 70 heures par semaine contre 59 pour un homme. Les superfemmes sont fatiguées.

Mères, épouses, femmes actives . . . elles remplissent tous les rôles et sont sur tous les fronts. A les voir ainsi courir le matin de l'école des enfants à leur entreprise, à les voir jongler entre les courses, les inscriptions au judo et les rendez-vous chez le pédiatre, sociologues et médecins se demandent: comment font-elles? Elles aussi commencent à se poser la question.

Résultat: les «superfemmes» sont débordées. Mais rares sont celles qui, selon l'expression de Christiane Collange, voudraient «rentrer à la maison». Elles ne reviennent pas non plus sur les acquis du féminisme, mais elles rejettent en bloc l'agressivité de leurs prophétesses: 64%, selon un sondage Sofres-*Clair Foyer*, estiment que la condition des femmes s'est améliorée, mais qu'il reste beacoup à faire. Alors, faut-il «tout plaquer»? Comme les Américaines, certaines «superfemmes» y songent parfois. Songe fugitif. «*Il m'arrive d'en mourir d'envie, dit Annette Roux. Je voudrais souffler. Mais le monde du travail, c'est la vie. Et la vie, c'est passionnant.*»

Christine Ockrent
43 ans, directrice générale adjointe de TF1, mère d'Alexandre, 1 an et demi.

" Nous vivons une contradiction entre le besoin de nous affirmer professionnellement et le besoin de continuer à jouer sur le plan privé les rôles stéréotypés que notre éducation préconise et qui nous satisfont pleinement. Alors, nous alternons avec plus ou moins de bonheur un comportement classique et un comportement de mutantes. J'ai beaucoup d'admiration pour les hommes qui choisissent ce genre nouveau de femmes. Non seulement ils s'intéressent à une espèce nouvelle, alors qu'il leur serait facile d'opter pour le modèle "standard"; non seulement ils l'assument, mais, en plus, ils en ont le goût. **"**

1 Brain-storming

En prenant les phrases suivantes comme point de départ, discutez de la situation des femmes:

a le *métier* de mère?

b femme au foyer, c'est le bonheur.

c une mère qui travaille est plutôt un handicap pour l'épanouissement de son enfant. (Et les pères?)

2 A vos stylos!

Rédigez un texte (250 mots) dans lequel ou

a vous développez les problèmes, les causes et les éventuelles solutions pour les superfemmes fatiguées

ou

b vous commentez la phrase; «seulement 36% des femmes considèrent que le travail est indispensable à leur équilibre».

Dossier 2

Le sida

ÉTHIQUE
Sida : fin du secret

La Grande-Bretagne franchit le pas : les médecins peuvent désormais prévenir les proches.

Dire ou ne pas dire... Les médecins britanniques ont désormais la possibilité de faire cesser ce tourment. Le General Medical Council — un organisme comparable à l'ordre des médecins en France — vient d'autoriser les praticiens à passer outre à la volonté d'un patient atteint du sida, ou séropositif, qui voudrait taire sa maladie à son entourage. Les praticiens informeront eux-mêmes les partenaires du malade qu'ils courent un danger. Une première : le secret médical, pilier de la profession, se lézarde.

Jusqu'à présent, les médecins ont campé ferme sur leur déontologie : aucune information ne doit filtrer en dehors du cabinet de consultation. Ils peuvent plaider auprès de leurs patients le sens de la responsabilité. Mais, en dernier ressort, la décision appartient aux malades. On pourra désormais, en Grande-Bretagne, en juger autrement.

Les médecins britanniques ne se contenteront pas d'informer les partenaires des malades. Ils s'autoriseront aussi à tester leurs enfants, même en l'absence de tout consentement parental. Ils vont plus loin encore : ils mettent la dernière touche à une vaste étude épidémiologique auprès de 90 000 femmes enceintes, pour connaître avec précision le nombre de séropositives. L'accord des futures mères est vivement souhaité, sinon le test se fera à leur insu.

En quatre ans, dans le monde, le nombre de cas de sida a augmenté de 1 500 %. Et de 5 à 10 millions de personnes sont actuellement séropositives. Un désastre qui justifie peut-être, aux yeux du Medical Council, le viol du secret. Que pèse sur les plateaux de la balance la liberté individuelle face à la santé publique ? Les médecins français se montrent, eux, plus intransigeants : « Nous vivons une situation de conflit de devoir, reconnaît le Dr Louis René, président de l'ordre des médecins, mais que nous apporterait la levée du secret ? Si le malade perd confiance, il va devenir clandestin, et représenter ainsi un plus grave danger pour la collectivité. » Pas de compromis possible, donc. Et pourtant, en ce qui concerne les tests de dépistage, malgré le discours officiel très ferme en France, les pratiques clandestines — en particulier sur les femmes enceintes — sont monnaie courante. Au moins a-t-on, en Grande-Bretagne, le courage de l'annoncer.

Annie Kouchner ■

Sida: les malades et vous
Un sondage exclusif sur onze pays

Etes-vous prêt à mettre vos enfants dans la même école qu'un enfant qui a le sida?

	Belgique	France	RFA	Italie	Norvège	Suède	Suisse	Royaume-Uni	Espagne	Grèce	Etats-Unis
oui	40,7%	51,1%	43,3%	39,4%	44,3%	67 %	69,8%	45,7%	47,2%	26,6%	32,9%
non	33,1%	30,2%	20,7%	36,6%	21,7%	9 %	8,4%	31,2%	33,1%	49,2%	47,7%
ne se prononcent pas	26,2%	18,7%	36 %	24 %	34 %	24 %	21,8%	23,1%	19,7%	24,2%	19,4%

Etes-vous prêt à serrer la main d'une personne qui a le sida?

	Belgique	France	RFA	Italie	Norvège	Suède	Suisse	Royaume-Uni	Espagne	Grèce	Etats-Unis
oui	70 %	73,6%	64,3%	67,5%	73,6%	84,2%	86,4%	73,4%	76,5%	57,9%	49,6%
non	14,4%	11,4%	11,9%	16,7%	11,4%	6,5%	4,3%	14,3%	14,4%	25,9%	36,2%
ne se prononcent pas	15,6%	15 %	23,8%	15,8%	15 %	9,3%	9,3%	12,3%	9,1%	16,2%	14,2%

Etes-vous prêt à travailler au côté d'une personne qui a le sida?

	Belgique	France	RFA	Italie	Norvège	Suède	Suisse	Royaume-Uni	Espagne	Grèce	Etats-Unis
oui	65,4%	68,9%	60,1%	52,6%	67,7%	81,9%	83,7%	65,3%	68,2%	50,8%	37,9%
non	16,6%	14,8%	11,4%	28,3%	12,3%	6,2%	6 %	19,1%	19,3%	29,8%	44,4%
ne se prononcent pas	18 %	16,3%	28,5%	19,1%	20 %	11,9%	10,3%	15,6%	12,5%	19,4%	17,7%

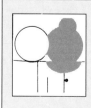

Etes-vous prêt à embrasser sur la joue quelqu'un qui a le sida?

	Belgique	France	RFA	Italie	Norvège	Suède	Suisse	Royaume-Uni	Espagne	Grèce	Etats-Unis
oui	41,3%	43 %	20,4%	32,6%	24,6%	35,1%	51,2%	33,2%	46,7%	20,5%	17,3%
non	40,8%	35,6%	49,5%	47,1%	58,7%	45,9%	26,2%	53 %	37,3%	58,5%	71 %
ne se prononcent pas	17,9%	21,4%	30,1%	20,3%	16,7%	19 %	22,6%	13,8%	16 %	21 %	11,7%

 **Etes-vous prêt à manger dans un restaurant où vous savez que l'un des cuisiniers a le sida?**											
	Belgique	France	RFA	Italie	Norvège	Suède	Suisse	Royaume-Uni	Espagne	Grèce	Etats-Unis
oui	21,4%	19,8%	14,6%	16,5%	30,7%	29,9%	37,4%	16,3%	19,7%	16,8%	14,4%
non	56,3%	64,2%	55,7%	62,9%	48,9%	46,1%	37 %	72 %	64,9%	67,1%	74,4%
ne se prononcent pas	22,3%	16 %	29,7%	20,6%	20,4%	24 %	25,6%	11,7%	15,4%	16,1%	11,2%

Brain–storming

Rassemblez vos idées sur le sida.

1 Que répondriez-vous aux questions posées dans le sondage?

2 Que pensez-vous du refus de la marginalité de Béatrice Lequere?

3 Dire ou ne pas dire? Qu'en pensez-vous?

A vos stylos!

Rédigez un texte (250 mots) dans lequel vous évaluez ou

1 la perception de la maladie de sida au fur et à mesure qu'augmente le nombre de cas

ou

2 la justification de violation du secret professionnel face au désastre que constitue le nombre croissant des cas de sida.

Dossier 3

Les pays en voie de développement: une injustice?

Les articles et les sondages qui suivent soulèvent la question de la situation des pays en voie de développement face au reste du monde occidental. Chacun d'eux aborde une question bien précise: l'aide financière, (la charité individuelle ou l'aide commerciale de l'état) et l'exploitation des pays pauvres par les pays riches qui se servent de ces pays pauvres pour se débarrasser de leurs déchets chimiques très dangereux.

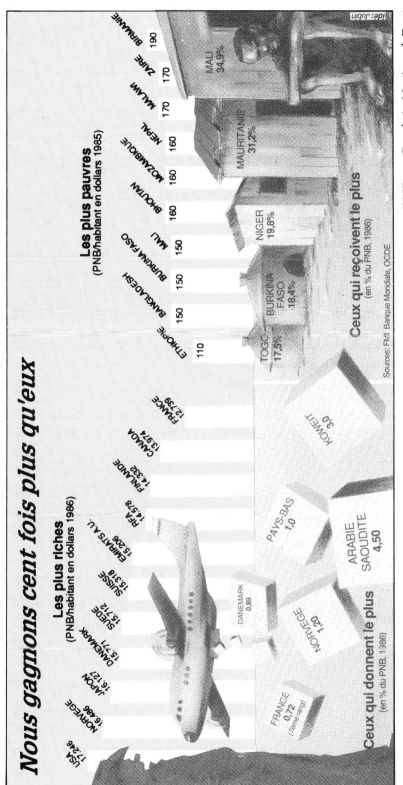

Nous gagnons cent fois plus qu'eux

Les plus riches
(PNB/habitant en dollars 1986)

USA 17.246
NORVEGE 16.486
JAPON 16.127
DANEMARK 15.771
SUEDE 15.712
SUISSE 15.318
EMIRATS A.U. 15.206
RFA 14.578
FINLANDE 14.332
CANADA 13.974
FRANCE 12.739

Les plus pauvres
(PNB/habitant en dollars 1985)

BIRMANIE 190
ZAIRE 170
MALAWI 170
NEPAL 160
MOZAMBIQUE 160
BHOUTAN 160
MALI 150
BURKINA FASO 150
BANGLADESH 150
ETHIOPIE 110

Ceux qui donnent le plus
(en % du PNB, 1986)

NORVEGE 1,20
DANEMARK 0,89
FRANCE 0,72 (7ème rang)
PAYS-BAS 1,0
ARABIE SAOUDITE 4,50
KOWEIT 3,0

Ceux qui reçoivent le plus
(en % du PNB, 1986)

MALI 34,9%
MAURITANIE 31,2%
NIGER 19,8%
BURKINA FASO 18,4%
TOGO 17,5%

Sources: FMI Banque Mondiale, OCDE

idé:jubin

PNB = Produit National Brut

Brain-storming

1 Comment aider les pays en voie de développement?
2 Pourquoi aider les pays en voie de développement?

A vos stylos!

Voici deux problèmes qui sont souvent soulevés à la télévision au cours de discussions sur l'aide humanitaire ou bien au cours d'émissions sur la faim dans le monde:

1 Est-ce que nos pays occidentaux aident suffisamment les pays pauvres?
2 Devons-nous offrir une aide autre que financière?

Après avoir choisi de traiter l'un ou l'autre de ces problèmes, vous organiserez vos idées en vous aidant de celles exprimées pendant le brain-storming et vous écrirez un texte où vous essayerez d'argumenter et de proposer d'éventuelles solutions à ces problèmes si délicats.

Récapitulation _____

Afin de stimuler l'utilisation des termes qui vous
permettront de structurer votre pensée pour
communiquer, nous proposons ici une liste détaillée de
ceux qui sont les plus fréquemment utilisés dans les
différents actes de parole. Le démarquage entre 'ce qui se
dit et ce qui s'écrit' n'est pas toujours aussi net qu'on
le souhaiterait et nous avons décidé de créer une colonne
intermédiaire 'sorte de terrain vague' où vous trouverez
les termes qui sont indifféremment utilisés à l'oral et à
l'écrit.

	Ça se dit	Ça se dit et ca s'écrit	Ça s'écrit
expliquer	Alors c'est... Je veux dire par là que... Tout cela pour vous dire que... C'est pour ça que... C'est parce que...que Notamment/d'ailleurs/en effet	Ce qui signifie que... Selon moi... C'est-à-dire/Ce qui revient à dire/Ce qui veut dire que... En d'autres termes... Autrement dit.../plus précisément...	Soulignons que... C'est pourquoi... Si bien que... Ainsi...
donner son avis	Moi personnellement... Pour ma part... A mon point de vue... ...c'est mon avis. Pour moi, ... Moi, je...	A mon avis... En ce qui me concerne... D'après moi, ... Je pense/crois que... Je suis sûr(e)/persuadé(e)/certain(e)/convaincu(e) que... Quant à moi, ...	Il me semble que... Il est exact/certain/évident/vrai que... Il va de soi que... Il est indéniable que...
comparer	Ce n'est pas/plus la même chose que... autrefois...maintenant... C'est différent de... Ce n'est plus pareil que...	Par contre, ... Au contraire. Alors que... ...même si...,	Tandis que... Pendant que... De même que.../...ainsi que
introduire le sujet	Bon, ... Alors, ... Et... D'abord, ...	On parle/dit que... La question posée est... Ce...pose le problème de... Que penser de...? Est-il vrai/exact/possible que...? Peut-on dire que...?	Notons que... Considérons... Sait-on que...? Il est fortement question que... On affirme que.... Il faut attirer l'attention sur (le fait que...)/mentionner que... La question se pose:...
donner des exemples	Tenez!/tiens! Imaginez... Par exemple, ...	Prenons l'exemple de ... En voici un exemple: ... C'est ainsi que... ...illustre bien... Ainsi...	Considérons par exemple le cas de... Un autre exemple est fourni par... Tel est le cas, par exemple, de... L'exemple de.../ne fait qu'illustrer.../confirme...

	Ça se dit	Ça se dit et ça s'écrit	Ça s'écrit
exposer/ compte rendu	Voilà... Et voilà... Et puis... Je veux dire que...	Et d'abord, ... D'abord, ... Tout d'abord, ... En premier lieu, ... Encore, ... Ensuite, ... Enfin, ... Donc, ... D'autre part... D'une part, ... d'autre part, Egalement... On doit dire en plus que... Cependant, ... Ceci dit, ...	De plus, ... En outre, ... Par ailleurs, ... A plus forte raison... Non seulement, ...mais aussi... D'autant plus que... De même... Précisons que...
	En fin de compte...	Enfin, personnellement je pense que... C'est pourquoi... Par conséquent... Finalement...	
accord/désaccord	D'accord. Jamais. Mais non! Mais ce n'est pas vrai! Absolument pas! Pas du tout d'accord! Très juste! Tout à fait d'accord! Et j'irais même plus loin.	Bien sûr. Vous avez raison. C'est justement ce que je voulais dire. Je rejoins cette opinion. Je suis d'accord avec... Je serais assez d'accord avec... Je suis entièrement d'accord avec... Je ne parlerais pas de... Je ne dirais pas la même chose. Je ne suis pas de cet avis. Je ne suis pas tout à fait d'accord/d'autant plus que/sans compter que/d'ailleurs/et à ajouter à cela... Je proteste/n'admets pas que...	Il me semble injuste de dire... Ce n'est pas juste de... d'autant plus que... Il est certain que... Il est concevable que... Il est inacceptable que... Je ne peux pas accepter l'idée que... Je refuse... Je désapprouve... Mon point de vue diffère de...

	Ça se dit	Ça se dit et ça s'écrit	Ça s'écrit
concéder/objecter	Oui, mais... Bon, mais... Oui et non. D'accord, mais... Ça, c'est vrai mais... Oui, n'empêche que... Je dirais plutôt... Ça dépend! Tout est relatif. Ce n'est pas si simple que ça!	Peut-être mais... Effectivement/certes/en effet... Mais enfin/cependant/ pourtant/quand même/tout de même/ça n'empêche pas que... J'admets/c'est vrai/c'est incontestable que... mais... Cela dit, on doit admettre que... Tout dépend de ce qu'on entend par... Il faut faire la différence entre... On ne peut pas être aussi catégorique... Il n'a jamais été question de... Contrairement à ce qui est dit, ... C'est faux de prétendre que...	Je ne nie pas que...néanmoins... Si le...il faut néanmoins préciser que... S'il est exact/ certain/possible que..., il n'en reste pas moins vrai que... Sans doute..., Toutefois... Je ne prétends pas que... cependant... Que... soit..., c'est exact mais... Certes..., est-ce que cela veut dire pour autant que.../il faut cependant noter (que)... Distinguons entre...car d'une part...et d'autre part...
conclure	Bref, ... En somme, ... En un mot, ... Pour finir, ... En gros, ...	Pour conclure, ... En conclusion, ... Donc, ... Cela montre que... Ainsi, ... En définitive, ... Finalement, ...	En résumé, ... On voit par ce qui précède que ... Il en résulte que... On peut conclure en disant que...